# 論語十論

張凱元 著

# 目次

# 陳序

《論語》一書的核心思想是「仁道」，孔子自己說「吾道一以貫之」，即指此而言。而曾子卻以「忠恕」加以體認。

對此「忠恕」二字，自古以來，人們都往往把它們一併隸屬於「誠」或「仁」下，當成學者下學之事看待，以為皆非道體之本然，只是「入道之門，求仁之方」（見朱熹〈答柯國材書〉）而已，譬如有人問程子：「吾道一以貫之，而曰：忠恕而已矣，則所謂一者，便是仁否？」程子答道：「固是只這一字，須是仔細體認。（見《二程子全書》）」朱子解《論語》「參乎」章則說：「忠恕本是學者事，曾子特借來形容夫子一貫道理。」（見《朱子全書》）而真德秀在答人「忠恕」之問時也說：「孔子告曾子一貫之理，本是言誠；曾子恐門人理會未得，故降下一等，而告之以忠恕。」（見《真西山集》）很明顯的，他們都將「忠恕」

由「上達」的本體「降下一等」，完全看作是「下學」的道德實踐論。到了民初，有些學者，則更從道德的實踐論轉進到知識的方法論，認為「忠恕」同是推求事理的方法，譬如章太炎說：「心能推度曰恕，周以察物曰忠。故夫聞一以知十，舉一隅而以三隅反者，恕之事也；周以察物，舉其徵符，而辨其骨理者，忠之事也。」（〈訂孔〉）而胡適之也說：「我的意思，以為孔子說的『一以貫之』，和曾子說的『忠恕』，只是要尋出事物的條理統系，用來推論，要使人聞一知十，舉一反三，這是孔門的方法論，不單是推己及人的人生哲學。」（《中國古代哲學史》）從這些賢哲的話裡，我們可清晰地看出：他們是一律把「忠恕」局限在「人為」的範圍內加以闡釋的，這是否完全符合孔聖與曾子的原義？抑或只偏於一面，倒因為果，而貶低了「忠恕」的地位呢？那就恐怕有待我們從「忠恕」本身的意義加以釐清了。

「忠恕」這個詞，在《論語》一書裡，僅一見於〈里仁〉篇，乃出於曾子之口，原文是：「子曰：『參乎！吾道一以貫之』，曾子曰：『唯』。子出，門人問曰：『何謂也？』曾子曰：『夫子之道，忠恕而已矣』。」而《中庸》，也只在第十三章（依朱子《章句》，下併同）出現過一次，為孔子之言：「忠恕違道不遠；施諸己而不願，亦勿施於人。」可惜的是：孔子和曾子在這裡，對於這兩字的真正意義，除了孔子為實際需要，特別著重在「君子之道」上，用「施諸己而不願，亦勿施於人」兩句，補充說明「忠恕之事」（見朱子《章句》，王船山說：「《章句》云忠恕之事，一事字顯出在事上合」，見《讀四書大全說》），以生發下文外，都未曾作整體性、直接性的明確訓釋；而後來加以注解的雖多，卻大都又似乎一概不分偏全本末，只一味的在偏處、末處繞圈，如孔穎達說：「忠者，內盡於心；恕者，外不欺物。恕，忖也；忖度其義於人。」（《禮記正義》）邢昺說：「忠，謂盡中心也；恕，謂忖己度物也。」（《論語疏》）朱熹說：「盡己之謂忠，推己之謂恕。」（《論語集註》）真德秀說：「忠者，盡己之心也；恕者，推己之心以及人也。」（《真西山集》）這些解釋捨句式而外，無論在詞面或意義上來說，都是非常相近的；他們同樣的在「中心」、「己心」、「心」或「己」這個實體上，加一個性屬動詞的「盡」、「忖」或「推」字，看來所著重的是「事」而非「體」，似乎都不免帶有喧賓奪主和「勉強」的意味，這是他們固執的僅著眼於人為（教）而忽略天賦（性）來訓釋所導致的偏差。有了這種偏差，那就無怪會有許多學者一直把「忠恕」認作是成德或求知的方法，而非本體了。

其實，「忠恕」二字，是大可不必「實」上帶「虛」的添加「盡」、「推」等字以顯其義的；只須就字的形體看，便知「忠」就是「中心」（不偏之心）的意思，而「恕」則是「如心」（無私之心）的意思（見賈公彥《周禮疏》），顯而易見的，它們的主體是「心」，而「中」與「如」（均平的意思，見《廣雅》），則是屬於限制性、形容性的兩個附加詞。這種解釋，可謂直截了當，一眼即可領會，比起孔、朱等人的「增字為訓」來說，無疑的要好得多、準確得多了。

既然「忠恕」是直貼心之體而言的「中心」和心之用而言的「如心」，那麼與《中庸》所說的「中和」（性情），關係是至為密切的，《中庸》首章說：「喜怒哀樂之未發，謂之中；發而皆中節，謂之和。中也者，天下之大本也；和也者，天下之達道也。致中和，天地位焉，萬物育焉。」這裡所謂的「喜怒哀樂之未發」，指的是「天命」之性，是就心之體而言的；所謂的「發而皆中節」，說的是「率性」之情（中節是善，即恕；不中節，是惡，即不恕），是就心之用來說的；而所謂的「中」、「和」，則是就心之境而言的，若改就心之體用來說，那就是「忠恕」了。因此，忠恕既可以上通於天道，與誠、仁同源，「一以貫之」；也能夠下貫於人道，與孝、慈共脈（《論語．為政》篇說：「孝、慈則忠」），「違道不遠」；可以說是徹上徹下，通內通外，合天人而為一的，所以顧亭林說：「夫子之道，忠恕而已矣；忠也者，天下之大本（中）也；恕也者，天下之達道（和）也。」（《日知錄》）而呂維祺也說：「天地聖賢夫婦，同此忠恕耳。天地為物不貳，故元氣流行，化育萬物，此天地之忠恕，即天地之貫也；聖人至誠不息，故盡人盡物，贊化育，參天地，此聖人之忠恕，即聖人之貫也；賢人亦此忠恕，但或勉強而行，未免有作輟純雜之不同，故有貫有不貫，而其貫處即與聖人同；即愚夫婦亦此忠恕，但為私欲遮蔽，不能忠恕，即不能貫，或偶一念之時亦貫，而其實處亦即與聖人同。……忠恕只是一箇心，實心為忠，實心之運為恕，即一也。」（《伊洛大會語錄》）可見忠恕既屬下學之事，亦是上達之事；既屬學者之事，亦是聖人之事；是不宜單從學者下學一面來看的，否則，內外上下，就無法「一以貫之」了。

張凱元教授論「忠恕」（第三論），雖然將重心放到「恕」即「仁」來論述，卻沒有忽略源頭之「忠」，他說：「孔子認為要合乎最和諧的方式，而又能表現出人的特質的概念，應就是一個『仁』字。」又指出：「用這個『恕』字來進一步解釋『仁』的行為，直到今天看來，也還是妥貼之至。再細一歸納起來，它相對於『仁道』的推展，至少有三項特色可言，那就是具體性、實用性和統合性。」所謂「具體性」，是說「『仁』字，乃屬於一種較為模糊的抽象概念。仁是什麼，大家都多少有些了解；但要你講，又難說清楚。」因此就以「恕」來解釋「仁」，「恕」之具體性由此可見。所謂「實用性」，是說「依照『你自己不想別人怎樣對你，你就不要那樣對人』的意義，其實質上已是完全與生活結合，像樣品屋一樣，讓人一目瞭然，一看就懂了。……這個觀念與自己的人格結合，使自己的思想行為得以穩定，那遇事就自然不致偏離『仁道』了。」能與生活、人格結合，「恕」之實用性由此可見。所謂「統合性」，是說「本來世間所有所謂倫理道德項目，不論是四維也好，八德也好，三達德也好，最終目的應都是在追求人生的合理和諧，而講到人生的要達到合理和諧，又再沒有比這個「仁」的項目更為中肯、徹底掌握重點的了。……這個『己所不欲，勿施於人』不但解釋了仁愛的行為標準，而根本上可能已很接近我們所追求的人生真理，而可以作為一般道德項目的最基本行為守則了。」能融貫「四維」、「八德」、「三達德」，「恕」之統合性由此可見。這樣看來，作者論心之用的「恕」，始終都照應到心之體的「忠」，不然是不能使仁道「一以貫之」的。

既然「忠恕」是孔子「仁道」的核心思想，有「一以貫之」的功能，使得本書的其他九論皆難免與此相涉，有的涉其「具體性」，或具其「實用性」，有的更突顯出其「統合性」，無不與「忠恕」有著關聯，因此在此出版前夕，特別擇出具「具體性」、「實用性」與「統合性」的「忠恕」，用「部分表現整體」的方式，提出一點讀後感，以表達對本書出版的祝賀之忱與作者的無比敬意。

臺灣師範大學國文系　退休教授
陳滿銘　序於國文天地雜誌社
二〇一二年十二月二十八

# 楊序

張凱元教授與我當年同在輔仁大學哲學系就學。畢業後張教授改至美國攻讀教育，不過他一直仍保持著對哲學的原來興趣，從最近他寫了「論語十論」一書，要我為他作序，就是一例。

我國的文化思想以儒家為主，而在儒家典籍中，如要選擇一本最重要的著作，那應就非《論語》莫屬了。

如眾所周知，《論語》是一部以記載我國儒家學派創始人孔子和其部分弟子言行為主的語錄體著作。雖然原書字數僅約一萬五千字，卻內容廣泛，主要包含了孔子對於哲學、政治、社會、倫理、教育等的重要思想結構。而在孔子之後兩千五百餘年來，討論《論語》的文字已不知凡幾，卻多數仍限制於我國傳統「以經解經」的句讀解釋範圍之內。這一直到近代中西文化開始頻繁交流，才開始有人注意到東西方的文化思想，其實有很多也可以互相比較，產生旁徵博引的思考方向。於是西方人開始逐漸重視東方思想中濃厚的人文特色，而東方人也開始引入西方思想中重科學、邏輯的觀念，如此互補之後，中西原有的文化思想，就可以使彼此的看法立場更為清晰，得到相得益彰的效果。

張教授的「論語十論」應該就是這樣的一本著作。本來東西方能夠深入人心的思想，其最重要特色應是「悲天憫人」這四個字，張教授就先以存在哲學家雅斯培的《蘇格拉底、佛陀、孔子、耶穌——四大聖哲》一書，舉出古往今來，世界上最超凡入聖的四位可為代表性的人物，他們的偉大乃不止於他們思想的博大精深，而更在於他們在了解及面對人生困境時，所表現出來的純真悲天憫人和完全不屈不撓的擇善固執精神。

當然張教授的「論語十論」，主要的是要更為深入地了解我國儒家的孔子。於此張教授在他書中就還引證了不少古今中外的思想家來進一步精緻地闡釋孔子。筆者在拜讀之後，認為全書表達對儒家應屬創新的說法或有兩項。其一為對《論語》章句的創新解讀，其二為對《論語》整體思想的創新梳理。

在第一項章句的創新解讀上，例如張教授在第四論中提到「君子不器」《論語為政第二．十二》一句話，目前一般的白話譯文大抵說是指的一位君子人應該知識廣博、多才多藝，不可像是一件器具，只供一種特定用途使用之意。但張教授卻認為依近代重視獨立自由意志的原則來看，這句話實應譯為「人是意志自由的，我們要知道人與單純的器具不同。所以君子不可把人只當成器具來使用；更不可被人只當成器具來使用。」才對。這種創新的解讀，其實也和近代德國哲學家康德所說的「人是目的，不是工具」的意義相同。又例如張教授在第一論中提到「五十而知天命」《論語為政第二．四》一句話，到底知天命是指的什麼，向來眾說紛紜，莫衷一是。張教授卻認為知天命應該就是指明白了人生對世事要有「知其不可而為之」的使命感意思；因為這個詮釋，不但符合了先前所說孔子之所以列名四大聖哲的悲天憫人精神表現，而且也和《論語》中的其他章句，如「朝聞道，夕死可矣。」〈里仁第四．八〉及「是知其不可為為之者與？」〈憲問十四．四十一〉等理念一致。

在第二項《論語》整體思想的創新梳理上，除了張教授以「十論」來把論語一書的思想脈絡作了相當眉目清楚的整理表達化為十個論題之外，筆者認為特別值得強調的卻是第六論「論孔子的法律思想」、第八論「論孔子的環保思想」兩處，應該都是以前少有人涉及的新題目，而最主要的是他整本書的每一論都文字流暢，可讀性甚高。也許不是每一個人都會同意他的觀點，但在理論交待上，他卻完全表達得十分清楚。說到這裡，筆者又想再稍一提的可能還有一處，就是他在第九論中亦論及一個儒家「性善」的觀念。人性本善或本惡，本來爭論已久，迄今也尚無定論，但張教授於此提出的中西新論點卻很有令人耳目一新的感覺，當然或仍不能作為定論，但筆者卻可以完全感受到張教授認真和踏實的做學問的功夫所在。欣見老同學新書出版，而且言之有物，爰表達些筆者的個人看法以為序。

政治大學、中國文化大學哲學教授

**楊世雄** 謹識

# 梁序

我與張凱元校長是屏東高中時期的同學，從小就一起長大，到現在相識已經超過五十年了。在我記憶裡，張校長從小就對國學及文學都有相當基礎，當時我們一起編輯校刊《屏中青年》，他文采便已展現。畢業後大家雖然各自在不同的領域力求發展，但也時常聯繫，維持相當好的情誼。

我雖然從商界出身，但投入文化出版界已經十五年。這段時間，經營萬卷樓與《國文天地》，這兩個充滿人文氣息的公司，長期下來，也受到許多周邊朋友的影響，對於中華文化的發展，頗有感觸。因此，即便在社會環境改變，閱讀人口降低的今天，維持《國文天地》雜誌的經營，已經是很沉重的負擔，我們仍然努力不懈，並力求突破和發展。這種傻勁和堅持，我想就是文化人的一種使命吧。

二十八年前，《國文天地》創刊，宗旨是「發揚中華文化，普及文史知識，輔助國文教學」，到今天依然如此。文化的發展與知識的普及，在資訊發達的今天，似乎不勞我們費心了，但國人國文程度的低落，卻讓我們深感憂心。造成這種狀況的原因太多，但我們能做的有限。因此，我們就想，何不在《國文天地》上開闢一個專輯，刊登一些有別於以往的文章，來吸引讀者，並且進一步的影響讀者呢！

當這個想法產生之後，便時時地在想，這位專欄的作者，要去哪裡找？萬卷樓與《國文天地》周邊，有許多中文學界的教授、博士。但大家都忙碌於科研及高深的學術研究。誰能來幫忙呢？實在是苦惱呀。剛好，在張校長自美國返臺的一次聚會中，我們天南地北的聊。席間校長提到許多他在研讀《論語》中的心得與感想。他結合了他人生中的閱歷，以及長期研究儒家經典的功底，提出了許多有別與以往的新看法，與會的眾人都聽得入迷了。我心想，這不就是我在找的人嗎！

在會後，我再請校長談談，把我的構想告訴他。校長很謙虛，直說不敢，也說這些看法未必見容於學術界。我便對校長說，學術研究並非獨夫，只能容一家之言。如果大家對這些看法有共鳴，或是提出意見討論，形成一股氣氛，帶動國學研究的潮流，引起大家學習的興趣，這不是更好嗎。校長臉色仍有遲疑。我只好拿出五十年的友情，對校長說「非你不可了」！校長才答應下來。

之後，經過一段時間的籌備，《國文天地》便從二〇一二年元月份起，開始連載校長的文章。連載的期間，雖然沒有收到雪片般飛來的卡片，但《國文天地》的銷量上升了。我想應該是校長的文章，吸引了讀者吧。在連載完畢後，編輯部提出集結成專書的提案，我欣然的同意！也得到了校長的首肯。

在本書出版的今天，校長要我寫一篇序，我便將這段故事說了出來，與各位讀者分享。並以此誌之，以為之序。

萬卷樓圖書公司　總經理

梁錦興　序於萬卷樓

二〇一三年一月一日

# 前言

本書之得以面世，先要感謝《國文天地》月刊自二〇一二年元月份起，願意挪出篇幅，讓筆者以「論語十論」專欄方式，開始陸續討論一些有關《論語》與孔子的事。孔子這個人，應是我們中華文化最具代表性的象徵了。他的思想言行，被他的門人編成一部《論語》，成為我們後世多數人奉行不渝的圭臬。但在我們慶幸中華民族在兩千五百多年前有了這麼一位偉大的人生導師，因之而得主導建立起我們博大精采的中華文化之餘；卻也同樣因孔子到底已是兩千五百多年前的人物，他留下來的一些資料，有的可能當時就已記載欠周全，有的更因經過漫長時間的傳承，難免又導致有文字疏漏的情況發生。所以《論語》一書，雖然大部分內容都可為多數人認同接受，卻還是有小部分意義較不明確，容易引起爭議。在《國文天地》上發表的一系列專欄，就是筆者對歷來爭議較多的章句也擬提出一些看法。筆者於此所表達的意見除了主要參考我國各時代研究儒家學者已有的很多論述之外，其他也有不少部分則是借用古今重要西方學者在哲學、科學上的理論來觸類旁通以為較深入的詮釋。孟子曾提過：「孔子，聖之時者也；孔子之謂集大成。」這句話的意思應是說，孔子的思想是超越時空的；不但不會過時，反而是時代愈進步，愈能證明他的卓越。也不會與其他高明的學理發生牴觸，反而是有互相印證的效果好處。原專欄依照這些基本原則，就大致歸類擬出了十個或可更澄清孔子思想的討論議題。分別為：「第一論『一位學而知其不可而為之的聖人』——論孔子的哲學思想」、「第二論『我欲仁，斯仁至矣』——論意志自由」、「第三論『吾道一以貫之』——論孔子的忠恕思想」、「第四論『攻乎異端，斯害也已』——論言論自由」、「第五論『民可，使由之；不可，使知之』——論孔子的政治思想」、「第六論『父為子隱，子為父隱』——論孔子的法律思想」、「第七論『唯女子與小人為難養也』——論孔子的平權思想」、「第八論『山梁雌雉；時哉，時哉』——論孔子的環保思想」、「第九論『有教無類』——論孔子的教育思想」、「第十論『知命、知禮、知言的嚮往』——論人生的無憾」。本書即由這些專欄的文字刊載完畢之後結集而成。除因求成書後更有連貫性，部分原專欄內容有稍作修整處外；書名則仍稱「論語十論」，議題順序亦沿原樣排列。我們現在就從第一個議題：「一位學而知其不可而為之的聖人——論孔子的哲學思想」開始依次討論。

# 第一論

# 一位學而知其不可而為之的聖人

## ——論孔子的哲學思想

有關主要《論語》篇章

（一）子曰：「學而時習之，不亦說乎？有朋自遠方來，不亦樂乎？人不知而不慍，不亦君子乎？」（〈學而第一．一〉）

釋文

孔子說：「求學的第一層次重在立志；首先要找到你自己的目標與興趣，時時溫習對照有關的知識，然後隨著對道理能愈來愈進步明白，這不是很愉悅的事嗎？求學的第二層次重在切磋；在求學已有相當基礎之後，如能與志趣相投的朋友，甚至遠道的朋友，都經常來作知識上更深入的心得研討，那不又是更快樂的事嗎？求學的第三層次重在謙虛；即是在切磋學問時，因為真理難有一致的標準，有時卻不免會遇到不了解你的人，甚至有與你相左的意見看法出現，那時卻絕不可隨便動氣，那不就是從求學而達到成為君子的境界了嗎？」

（二）子曰：「吾十有五而志於學；三十而立；四十而不惑；五十而知天命；六十而耳順；七十而從心所欲，不踰矩。」（〈為政第二．四〉）

釋文

孔子說：「我在約十五歲的時候，起始找到自己求學的興趣與目標，立志要探究人生的意義在哪裡。到了三十歲左右，對一般涉及人生意義的有關知識已大致有了基本的研究與認識；初步有成，能掌握各種學說的核心重點了。但是一直到四十歲左右，我卻才弄明白在各種解釋人生意義的學說中，其實又沒有任何一種是絕對完美而可作為最後定論的。那我們該怎麼辦？這一直到了五十歲左右，我又終於另知曉到人生真理雖或永遠無解，但上天既已要我們生存在世界上，祂應該不會讓我們白活的。祂不作統一規定，就是要保留我們活出各自生命意義的彈性，讓我們人在世間，有一個可供永恆追求，而又可能永遠達不到的目標；故雖對世事有「知其不可」的無奈，我們卻仍必須負起人要繼續「而為之」的與生俱來責任；這應就是天命的微妙人生意義道理啊。但我想的到底對不對呢？這件事本來就沒有標準答案；我雖然提出自己的理論，別人又不見得一致同意我的看法，因之我有時還受到他人的攻擊與譏諷。這在一段時間不免使我難過，但也讓我得以持續檢討修正自己的有關道理，使之更為圓融；這樣直到約六十歲左右我才做到對別人的批判聽了較不介意，而可淡然處之的地步。現在時間又再過了十年，我已經是年逾七十的老人了，現實已到晚年的階段。知其不可而為之的路途寂寞又漫長，我檢討自己一路走來，應該沒有太大的偏差，態度也很確定；然限於精神、體力的現實，卻可能會稍調整；行為仍不違背自己建立的人生方向，但不像以前那麼計較得失了。心意不變，腳步放緩；我就這樣走下去，一直走下去。

（三）子路宿於石門。晨門曰：「奚自？」子路曰：「自孔氏。」曰：「是知其不可而為之者與？」（〈憲問第十四．四十一〉）

釋文 子路在石門城外住了一晚。第二天一早進城，守城門的人問：「你從何處來的？」子路回答：「我從孔家來的。」守門的人說：「你說的就是明知不可能做到，而又堅持非要去做的那個人嗎？」

在準備要進入討論孔子與論語這種嚴肅正題之前，讓我們先引述一段在網路上流傳的笑話：

「有一位母親帶著小孩上街，看到一幅孔子的畫像。孩子指著畫像，好奇地問母親：『媽媽，又不是聖誕節，為甚麼掛聖誕老人的圖畫？』」

啊，大哉問！

西風壓倒東風？

孔子不見了？

中華文化不敵西洋功利主義？

物質欲望的滿足勝過精神慰藉的追尋？

理想趕不上現實？

人活著是為了甚麼？

人生最終的意義到底在哪裡？

困境——？

現在我們來討論孔子可能會怎樣看這些問題。

近一、二百年來，西風東漸，東風無力百花殘是個事實。追究其根柢，這種現象的所以發生，應是一種由於西方國家以武力向東方國家侵略殖民所產生的副作用。船堅炮利是一時科學發展所得的結果，但科學一時的進步並不能代表一個文化的整體結構，如以此來評斷一個文化的勝過另一個文化就可能有偏差。要不然漢唐時代的中華文化國力怎麼不差於其他任何國家？又東方的日本明治天皇推動維新，一方面學習西洋科技，一方面亦並未放棄一千多年來對日本文化影響至大的儒家思想（明治兩字即是取自《易經》：「聖人南面而聽天下，嚮明而治」一段內容），甚至在政治上及教育上反更加以重視實行；歷史也證明了他的做法完全正確。又現代韓國的國旗上所用的亦是《易經》太極的圖型，應都有其受肯定的道理存在。再舉例來說，現代的美國國力比希臘不知要強多少倍，卻沒有人會說美國文化比希臘文化高明的話。如果我們提到奧林匹克運動會，不管那一個國家在辦，辦得多盛大多光彩，最後人家還是會想到希臘，因為那才是奧運價值的源頭。

近代由於受到國際文化頻繁交流的結果，光鮮的西方文化，不可諱言曾一時使東方文化有相當遜色的現象發生。但同樣地也因為文化交流的效果，國際間的距離縮短，在一段時間激情之後，近年不少學者專家，終於回過頭來，認真比較各種文化的內涵價值差異，卻發現東方文化在對人類過去的貢獻及對未來的意義上，比起西方文化都可能有過之而無不及。除了我們自己中文的論述之外，其他世界各國對東方文化，尤其對儒家思想探討的著作開始大量出現。例如日本教育家新渡戶稻造在一八九九年以英文寫成的《武士道》一書，和日本儒學者宇野哲人在他多項有關儒家的研究著作裡，都提到日本人非常引以為傲的武士道精神，事實上就是一種儒學仁義、日本神道忠孝、佛教寂靜和了脫生死等觀念的混合信仰。另外被譽為二十世紀最卓著的英國歷史學家湯恩比（A. Toynbee）和日本宗教思想家池田大作在他們一九七六年的《展望21世紀——湯恩比與池田大作對話錄》一書裡，結論認為要解決二十一世紀人類的問題，就必須回頭由東方的孔子思想和大乘佛法中汲取智慧。又美國政治學者杭亭頓（S. Huntington）在其一九九六年的《文明衝突與世界秩序的重建》一書中，亦有類似說法。他認為未來的世界大勢，非西方文化的民族，不會再是歷史的客體，只被當作西方殖民主義的目標；而是將會和西方一齊來驅動並塑造歷史。亦即世界上幾個主要文化之間的互動，牽動有關國家，將形成新的競合關係。這幾個主要文化，杭氏指的就是儒家文化、基督文化、阿拉伯文化和西班牙文化等；目前他的文明衝突理論，十分受到重視，已儼然成為廿一世紀，研究國際政治的顯學。此外，德國的存在主義大師雅斯培（K. Jaspers），在研究比較了歷史上的各著名哲學家後，於一九五七年寫成《蘇格拉底、佛陀、孔夫子、耶穌——四大聖哲》一書，舉出古往今來，世界上最超凡入聖的就是這四位代表人物。認為他們的偉大不止於他們思想的博大精深，而更在於他們在面對人生困境時，所表現出來的不屈不撓和悲天憫人的崇高胸懷。

我們現在暫只討論孔子。

我們研究孔子這個人，認為他之所以受到大家普遍的景仰；孟子說他不但是聖人，而且是聖之時者與集大成者。到了司馬遷，在他的《史記》〈孔子世家贊〉上，更就直接了當稱他為「至聖」。這些讚美，主要應都是由於他的思想和人格的傑出表現，遠遠超越一般人所能企及，而能讓人口服心服之故。

孔子的整個哲學思想體系應是始於「學而時習之」，而終於「知其不可而為之」。

我們先看《論語》第一篇〈學而〉的第一章：「子曰：『學而時習之，不亦說乎？有朋自遠方來，不亦樂乎？人不知而不慍，不亦君子乎？』」

曾經有人說，《論語》的篇章編輯，好像頗為雜亂；東拉一句，西扯一句，缺乏連貫的系統。我們卻不以為然，認為《論語》的成書，本來就有其相當活潑而不鬆散，嚴肅而不呆板的道理存在。就拿這〈學而第一‧一〉作為《論語》的開場白，即有三點明顯的意義。首先是我們試想，如果改以《論語》的其他任何篇章的文句替換此章，那麼整部《論語》可能就完全不對勁。其次是這〈學而第一‧一〉，一開始，就給了我們一個優雅鮮明的學園景象；一群學生正在弦歌講誦，這幾句話讀起來又抑揚頓挫，如行雲流水；這樣一種教育與生活結合的氣氛，自然就更易使人立志一心向學。然後第三，學而放在首篇首章，正是代表一個人的人生思想取向就是要從求學開始。任何知識的進步，一定都要在現存已有知識的學習上做起。孔子就藉這段文字，把一個求學通常遭遇到的狀況，分成三個不同的層次。第一個層次應是立志，第二個層次應是切磋，第三個層次應是謙虛。

先說第一個層次。其實讀書求學，一開始不但不會使人高興，反而有可能是一件相當令人苦惱的事。我們看很多小朋友，在第一天上幼稚園的時候，就拉著媽媽的衣角要跟媽媽回家便是一個實例。等到了上小學、中學、大學，每天面對的更是一大堆的功課和老師緊繃的面孔，要說讀書就自然使人愉快，那真是天方夜譚的事。但孔子為什麼說：「學而時習之，不亦說乎」呢？我們認為這句話的重點在「時習之」三個字上。也就是孔子了解到，讀書不會無條件地帶來快樂，但讀書可以在一個人找到自己求學的興趣所在，知道自己求學是為了什麼目的，然後開始有了自己時時留心，主動去繼續追求更進一步對某種知識的需求之後，才開始變成一種樂趣。我們看一個喜歡研究汽車的人，一見到書架上有新的汽車雜誌出現就想買一本，看到路邊有新型汽車停放也會眼睛發亮，便是這個道理。也就是孔子談學習，第一句話便先點出，真正的求知樂趣絕不可能經由機械式的鑄造型塑，而必須要經由一個人自己的動機內化才有可能產生出來。所以求學的第一層意義，就是我們要先找到自己的興趣和建立自己準備追求的求學目標方向。

其次要談第二個層次。孔子說：「有朋自遠方來，不亦樂乎？」這句話應指的是，在求學找到了自己的興趣和建立起自己的目標，而且單純地探求有關知識已有了相當的基礎之後，下一步要做的就是更進階的切磋。求知如只是一味的單向吸收，那叫做讀死書。我們讀了書，有了初步的基礎之後，還要將它加以思考、印證，那就是切磋的功夫了。切磋就是集思廣益，有人一起來討論最好。孔子在中華文化上首開民間授徒，弟子三千，就是要使具有同類興趣與志向的人可以聚集在一起共同切磋「學問」。而西方文化最重要的希臘三哲——蘇格拉底、柏拉圖、亞里斯多德三人也在差不多同樣的紀元年代，開始廣收門徒，逐步建立了學園制度。尤其亞里斯多德的學園，後來被專稱為逍遙學派，就是他喜歡帶著學生，在花園各處迴廊，一邊喝茶散步，一邊彼此切磋論道的緣故。我們現代所謂召開學術研討會，其實也是同樣的道理；而且開會能開成國際性的研討會，使遠處的同道都可以一起來參加，就是更能使人感覺到「吾道不孤」的快樂。

而求學到最高的第三層次，應就是要進入永遠不可自滿的謙虛地步。孔子於此說了：「人不知而不慍，不亦君子乎？」一句話。這句話，放在〈學而〉首章最後，應是一句相當嚴肅的警語。因為人有了一點學問之後，最大的毛病可能就是容易自滿而且頑固。我們知道，學無止境，其實世界上可能並沒有絕對顛撲不破的知識，也不會有所謂讓所有的人都一致肯定的學問這回事。所以在求學的路途上找到自己的興趣與志向是快樂的；有人和我志趣相投，論學時酒逢知己千杯少是快樂的；但有時切磋遇到和我觀點不一樣的人，彼此有了衝突時卻又如何呢？孔子了解到這才是求學的路途上最要緊的一個關口，而且任何求學者都一定會遇到的，這就是求學到最後的修養問題了；任何真正的知識最後都應內化成自己人格的一部分。我們要明白這個道理，有時別人有不同的看法，甚至可能引起激烈的爭論，都是在探求真理的過程中常常會發生的；我們可不能隨便生氣，別人的看法並不是全不可取呀！明白了這一層道理，不就是從求學開始，而達到成為一個君子人的境界了嗎？

說完求學的三個一般共同追求的層次之後，我們接著討論孔子自述他在這三個層次的個人心境報告。他配合立志、切磋和謙虛三層面，把自己經歷的心境轉變分成六個階段，在〈為政第二・四〉裡，記載如下：「吾十有五而志於學；三十而立；四十而不惑；五十而知天命；六十而耳順；七十而從心所欲，不踰矩。」我們現在來看看他這幾個階段到底代表了些什麼意義。

第一階段「吾十有五而志於學」，應就是孔子表示他在約十五歲左右，就達到了求學的第一「立志」層次。這話可能孔子說得相當保留，因為依據司馬遷在《史記》〈孔子世家〉上的記載：「孔子為兒嬉戲，常陳俎豆，設禮容。」為兒嬉戲的年紀，很可能是在十歲以前的事都不一定；但我們還是照孔子自己的說法，就訂在十五歲左右，孔子便已找到自己的興趣，常常擺設出祭祀的禮器，模仿練習行禮的儀式作為遊戲。孔子的興趣與志向於焉就在此時成形，開始逐步建構出他一輩子永續追求的偉大思想體系。從練習「行禮」開始，無疑孔子的理想在此時已鎖定，希望能研究出如何以最「和諧」的原則來解決一切人生難題的基本態度方向。

孔子的第二求學階段「三十而立」，應說的是他在三十歲左右便進入了第二層次的切磋期。這時他有關人生意義的基礎知識已自覺大致完備，可是也仍有很多未知的問題尚待解決。一方面覺得自己學習到了這個地步，應是可以告一段落，出來服務社會的時候了，另一方面又似覺得自己學得的知識似老是未臻圓滿，很多地方連自己都不很滿意；如果貿然站了出來，說是推動一個自己認為很好的理想計畫付諸實現，但如果因為自己的思慮仍欠周詳，那說不定還會為社會帶來不可預估的嚴重後遺災害都不一定；這時當然就不免產生猶豫。依據有關的資料，有幾件事情大概可以稍反映出孔子此時在知識上已初步而立，又仍待進一步切磋的微妙心態。首先是據孔子年譜的記載，孔子於魯昭公二十年（西元前 522 年）三十歲時正式開始授徒設教，首創平民教育之先，這應是孔子而立所實際推動的一件劃時代服務社會的大事。此外，孔子亦在切磋上有兩件重要的紀錄，大抵亦發生在他三十歲左右的時候。其一是「子入太廟，每事問。」（《論語》〈八佾第三・十五〉）。這應就是孔子求學不厭其煩，願意請教別人，追根究柢切磋的精神表現。其二則是孔子問禮於老子。這件事據《史記》及《莊子》等書上的記載，可能就在三十歲左右（也有說更早或更晚或不只一次的）。他們說了些什麼，我們暫不在此細表討論，而據傳孔子見了老子回家後竟三天不言不語，可見這一次的切磋必有所得有所失，使孔子受到的震撼很大。不管怎樣，這一定使孔子的思想又得到了更深入檢討的機會，但到底真理的最後根據在哪裡呢？

孔子苦苦思索這個問題，心中疑問一大堆。這樣竟又過了約十年，可能在四十歲左右的某一天像電光石火一樣腦中一閃，突然有了領悟：「四十而不惑」，進入了求學的第三階段。為什麼這個問題那麼困難？原來這個問題可能根本就沒有答案！這個領悟，是不是由他與老子論道之後得到一些助力，我們不得而知；卻與老子的思想基本上有些契合之處。老子《道德經》上的第一段話：「道可道，非常道；名可名，非常名」，指的應是：「可以由我講得出來的道理，那就已不是真正的道理了；可以由我說得出來的一個事物內容，那已不是那個事物真正的內容了」。也就是說，人是有限的，真理是無限的；以有限的人，怎麼可能了解到無限的真理本體呢？人的感覺和理性都有缺陷和成見，不同的人看同一桌子，所得到所謂桌子的印象一定有所差異，那就已不是原來的同一張桌子了；一個人認為美的，另一個人可能認為醜，那麼他們說的到底是同一事物嗎？在東方思想中，另外佛教的看法亦相仿；例如佛家所指的「五蘊皆空」，說我們人的色（身體）、受（情感）、想（動機）、行（行為）、識（對外界事物的判斷）都靠不住，也應是同樣的道理。除了東方思想之外，西方看法也有類似的說法；蘇格拉底、笛卡兒、康德、胡賽爾、牛頓、愛因斯坦等著名哲學家和科學家追求真理，追到最後卻都多少傾向了「不可知」。如蘇格拉底一生都只自稱自己是一位「愛智者」而非「智者」，道理就是他自知真正的智慧事實上可能無法達到，而只能永續追求之故。孔子在四十歲左右也得到了這樣類似的結論；所以他說：「朝聞道，夕死可矣」（《論語》〈里仁第四・八〉），明白指出他對所致力追求的道（真理），可能無法達到，已是心裡有數。不過接著卻另一個新問題來了；那就是，既知一個目標難有達成的可能，那我們前面的路還該不該走呢？

這種矛盾，也許以近代德國哲學家康德（I.Kant）研究得最透澈。他為此寫了一部《純粹理性批判》及一部《實踐理性批判》，紮實地闡明我們的「知」與「行」的問題。其《純粹理性批判》先承認了我們的經驗和理性都有限，所以對任何事物的了解，都只能達到皮毛的表面現象，而無法真正認知事物的真相。其實踐理性批判，也同樣在承認了我們對真知識的無能為力之後，則又另提出我們仍要立志勉力做補救，負起自己在倫理道德行為上應負的責任。康德的論述也許就正適合來解釋孔子的思想模式。康德在五十七歲那年先發表《純粹理性批判》，然後六十五歲那年再發表了《實踐理性批判》，中間相隔約十年；孔子則在求學第三階段，達到「四十而不惑」，然後又在求學的第四階段達到「五十而知天命」，其間相隔亦約十年。在四十而不惑時，既已明白真理知識無法掌握；那麼五十而知天命，天命又是指的什麼東西？康德在已知純粹理性不可為之後，再花了約十年的功夫提出實踐理性以為補救；孔子則在四十而不惑之後，也花了約十年的功夫來思考，然後提出了「天命」這個概念以為補救。「實踐理性」和「天命」兩個概念，應該都指的是「人的責任」；但孔子用知「天命」來表示明白人的責任，卻是他的創見；可能由於儒家本來就存有「天人合一」想法的緣故。儒家認為天與人之間自有其微妙的感應關係存在；人能夠瞭解天所賦予人的使命，順應著去做，那就是一種最至高無上的「和諧」關係。那麼這個五十而知的「天命」到底有什麼大道理呢？依照儒家的想法，天是一切的主宰，倫理道德當然也不例外，所以天是不會跟人開玩笑的。但現在一方面天好像不讓人了解真理是不是就是開玩笑呢？又更進一步來說，既不讓人可以了解真理，那為什麼天又讓人生存在這個世界上呢？這不是更荒謬嗎？孔子為此思考了十年，然後到了五十歲左右終於恍然大悟，原來這個讓人活著又不讓人了解真理就正是老天最巧妙的安排啊。道理其實簡單至極，因為如果人天生就有了解真理的能力，那麼請問人活著還有什麼事可做呢？所以孔子說如果那一天自己真能了解這世間的真理，那麼就是當晚死掉也不會有遺憾，亦含有這個意思在內。歸根就是說現在老天既讓我們活著，就一定要保留一種讓我們活下去的動力；這種不作統一規定，讓真理保持模糊，不正是可以讓我們永續追求，然後可以藉此發展出各自認定的生命意義的巧妙安排嗎？孔子迄此，基本上等於把自己思想還有的疑問、矛盾處都歸於統一；在某種意義來說，雖清楚做了不一定成功，但又自知不做更等於白活，也可以說就是悟道（知天命）了。這正是：「眾裡尋他千百度，驀然回首，那人卻在燈火闌珊處」了。

不過事情卻還沒完。孔子接著又說他求學的第五個階段：「六十而耳順」。知天命之後怎麼還有別的事呢？這又回到原來的那個關鍵點，因為老天既未親自把真理攞在大家的面前統一宣佈做了規定，那麼你自己說的知天命也不過是一種推測而來的結論，別人也不見得就會一致同意你的看法。不但與你持相反意見的多的是，有些人還會對你冷嘲熱諷，甚至人身攻擊都絕不少。孔子自忖誠懇為人，所持的思想作法，也都以增進人類福祉為目的。初時對別人不客氣的言詞，難免心裡會有不愉快的感覺；這時就面臨到一般求學第三層次「謙虛」的修養關口了。孔子帶著他的思想理論與滿腔熱誠，正在五十多至六十多歲之間，周遊列國，卻到處碰壁，無法推展自己的理想與抱負。但碰的釘子多了，挨的罵也多了，除了有些也可以做為自己又逐步修正自己的思想理論的借鑑之外，對別人的冷面孔、冷言語也愈來愈不是那麼介意了。在《論語》中有好幾例，孔子在周遊列國時遇到一些如荷蕢者、楚狂接輿、長沮、桀溺和荷蓧丈人等隱士的批判，孔子卻表現出了相當包容甚至接受指教的態度。所謂「耳順」，如此對照起來，就是能聽得進別人逆耳之言，這就呼應了學而第一之一的「人不知而不慍，不亦君子乎？」的標準了。

然後到了孔子求學的最後第六階段：「七十而從心所欲，不踰矩」。人生七十，已到了晚年時期。孔子正好在這前後從周遊列國回到自己的魯國。倦鳥歸巢，雄心未已；不過精力已有限。孔子雖然深信自己的思想理念沒有錯，知其不可而為之的方向也應是正確，但卻更淡化得失之心了，例如在孔子七十一歲那年，發生了一件齊國大夫陳恒弒齊簡公的事，據《論語》〈憲問第十四・二十二〉的記載大意為：「孔子在家齋戒沐浴後去見魯哀公請求討伐陳恒。魯哀公推辭要他去跟魯國掌權的季孫、仲孫、孟孫三個人商量。孔子說：『因為我也擔任過大夫的官職，所以我不能不將這事向國君報告，國君卻要我轉向那三個人報告』。但孔子還是去向三人報告了，三人卻否決了他討伐的建議。孔子於是又說：『因為我也擔任過大夫的官職，所以這事我不能不報告啊』」。這件事就正好說明了孔子晚年的心境，除了繼續教學與修訂有關儒家典籍的工作之外，對政治及社會上的事雖仍關心，卻自我調整，在可能影響的範圍之內，一步一步，雖然稍微放緩，卻是堅定地一直走下去。

這樣，從《論語》〈學而〉開始談到此時，我們就可以將孔子的哲學思想略做一個結論；這個結論應就是「知其不可而為之」這句話了。在〈憲問第十四・四十一〉裡，這句話是藉一位早班守城門的小兵之口形容孔子：「是知其不可而為之者與？」畫龍點睛說出來的。《論語》為何只記下這位小兵的這句話呢？我們想這應有兩層意義存在，其一是這句話比起如由孔子的學生或其他達官貴人來說，要輕鬆自然多了；其二是可以說明孔子的思想名聲，已經流傳甚廣，這位基層小兵對孔子的這一句話描述，除了中肯之外，卻顯然還有若干讚嘆、惋惜與期盼等的感情成分在內。於是我們不得不也說：

偉大的思想，

優美的文筆，

高明的編輯，

這就是《論語》！

# 第二論

# 我欲仁，斯仁至矣

## ——論意志自由

有關主要《論語》篇章

（一）樊遲問仁。子曰：「愛人。」問知。子曰：「知人。」樊遲未達。子曰：「舉直錯諸枉，能使枉者直。」樊遲退，見子夏，曰：「鄉也，吾見於夫子而問知，子曰：『舉直錯諸枉，能使枉者直。』何謂也？子夏曰：「富哉言乎！舜有天下，選於眾，舉皋陶，不仁者遠矣。湯有天下，選於眾，舉伊尹，不仁者遠矣。」（〈顏淵第十二・二十二〉）

釋文

孔子的學生樊遲問「仁」的意義是什麼。孔子說：「愛護人。」又問怎樣才算明智。孔子說：「能明察一個人的是否能愛護人。」樊遲未明白孔子的意思。孔子又補充說：「提拔正直的人，放置在不正直的人上面，就能使不正直的人也變正直了。」樊遲退出；過了一陣去找子夏，說道：「前些時候，我在老師那邊問怎樣才算明智。老師說：『提拔正直的人，放置在不正直的人上面，就能使不正直的人也變正直。』這是什麼道理呢？」子夏回答說：「這話真充分表達了明智的意義啊！虞舜有了天下，在眾人之中提拔皋陶掌刑法，除了補足自己的短處外，又可使那些不愛護人的官員自然就無所施展而遠離；商湯有了天下，在眾人之中提拔了伊尹作為他的宰相，除了補足自己的短處外，也又可使那些不愛護人的官員就無所施展而遠離了。」

（二）子曰：「仁遠乎哉？我欲仁，斯仁至矣！」（〈述而第七・二十九〉）

釋文　孔子說：「『仁』這回事，距離我很遠嗎？其實仁不仁是一種意志的問題。我不想做，它當然遠在天邊；但只要我想做，它是近在眼前的！」

每個人的生命都代表了他對這個世界的一份責任。

重要的是他如何來做自己責任的決定。孔子了解到他人生面對的是一個知其不可而為之的艱困環境。他有基本選擇的權利，但是下一步該怎麼走才對呢？

古今中外偉大的思想家幾乎都面臨過這個問題，也都努力想解答這個問題；因為所謂思想家，其最主要特色就總是在人認為沒有問題的地方發現問題，也總是在人認為無法解決的問題上解決問題。那這個問題怎麼解決？卻可能以近代法國哲學家兼科學家笛卡兒（R. Descartes）的看法最中肯：「我們人或不易找出世間事物純粹的真理，不過我們仍應堅持去找最接近的真理。」這話應是指出，百分之百的真理是難達到的，但接近真埋卻仍是可為的。

這個困擾的問題，其實在孔子所處的春秋時代開始百家爭鳴，也有不少人同時在想這件事。例如當時除了儒家之外就至少另有兩條亦比較具體的思想道路；一條是道家，一條是法家。道家主張自然無為，認為只要人人順應自然，把自己本身份內的事做好，天下也就當然太平，外來的一切約束基本上都是不必要的。法家卻相反認為人都是自私自利的動物，主張社會要公平發展，就必須訂立各種嚴格的制度刑罰，以使國家可以安定強盛。至於儒家，則著重在追求和諧，認為世界上是應有一定的基本規矩存在；但這些規矩必須要由人從自身的修養，及人與人之間彼此尊重的互動開始建立。這種以重視人的和諧關係，來解決人生問題的觀念，儒家就稱之為一種「仁道」精神。

這幾家思想，在初起時，不少觀點還有互相參考之處。孔子對於道家、法家的理論做法，在態度上也有相當程度的尊重，但又非完全同意；例如在《論語》裡，孔子曾舉過虞舜一例，讚美無為而治的成功，也曾舉了管仲一例，讚美威權法治的成功。

第一例在〈衛靈公第十五．四〉。子曰：「無為而治者，其舜也與！夫何為哉？恭己正南面而已矣。」其所說的大意是：「能無為而治的人，大概只有虞舜吧！他做了什麼呢？就只不過恭敬自守，端正地坐在朝南向的天子之位上而已。」

這段文字，也許有兩重意義在內。第一重，當然是肯定舜帝能以無為的方式，輕輕鬆鬆地就把國家治好。第二重，孔子似在語氣上多少又懷疑除了舜帝之外，別人如也採用這樣無為的方式，是否也可以得到同樣的效果。

第二例在〈憲問第十四・十八〉。子貢曰：「管仲非仁者與？桓公殺公子糾，不能死，又相之。」子曰：「管仲相桓公，霸諸侯，一匡天下，民到于今受其賜；微管仲，吾其被髮左衽矣！豈若匹夫匹婦之為諒也，自經於溝瀆，而莫之知也！」其記載的大意是：「子貢說：『管仲不是個仁人吧？齊桓公殺了他的兄弟公子糾，管仲是糾的太傅，沒有跟隨他一起死，後來竟還當了齊桓公的宰相。』孔子說：『管仲輔佐桓公，稱霸於諸侯，建立制度使中原各諸侯國都一致遵行，老百姓一直到現在都因此得到安定。如果少了管仲，我們現在大概都已淪亡在外來侵略者的手中，奉行異族文化了。管仲難道一定要跟一般人見識一樣，當時只管一死，在田間水溝裡自殺不為人知，而不求留下來做些更有意義的事嗎？』」

這段文字，或同樣也有雙重意義在內，亦即除了肯定管仲為了達成目的，可使用不擇手段的霸道做法獲得成功之外，也多少認為管仲只是一個特例，一般人恐怕不易引用。

管仲的例子，後來果然出了問題，他強勢的作為只帶來齊國一段時間的盛況。根據歷史上的記載，說到一時的威權治術到底缺乏根基；而齊國的君主桓公這個人自己的能力、德行又都不怎樣高明。他先是靠了鮑叔牙，後來又靠了管仲，偶然在春秋時期成就了一段時間的霸業。而管仲死了之後，他不再有能臣輔佐，加上本身昏庸，於是在管仲之後沒有幾年，齊桓公便被奸臣包圍，終至引發內亂，最後自己竟餓死在宮中床上；直至六十七天後才有人為他收屍。所以孔子的憂慮應非無的放矢。而在第一例舜帝沒有發生不良的後果，則可能又有他特別的因素。或是舜帝雖然無為而治，卻並不昏庸糊塗，有他一定的用人處事智慧，平時又能令人敬仰；並且貫徹無為不爭的原則，早就安排把帝位讓給夏禹，如此才得以避免招來那些莫名其妙的禍患。

這個道理，如果我們連同《論語》的另一章〈顏淵第十二・二十二〉一起來看，事情應就會較清楚：樊遲問仁。子曰：「愛人。」問知。子曰：「知人。」樊遲未達。子曰：「舉直錯諸枉，能使枉者直。」樊遲退，見子夏曰：「鄉也，吾見於夫子而問知。子曰：『舉直錯諸枉，能使枉者直。』何謂也。」子夏曰：「富哉言乎！舜有天下，選於眾，舉皋陶，不仁者遠矣；湯有天下，選於眾，舉伊尹，不仁者遠矣。」

這個〈顏淵第十二・二十二〉文字，我們認為在《論語》中有其十分重要的位置。理由可分兩部分討論。

第一部分，我們都知道一個「仁」字，可說是儒家學說的最核心思想了。在整部《論語》中，這個仁字就出現了一百多次（「仁」字在孔子之前的我國古文獻裡很少出現。另在英文等外國文字裡似也找不出很適切對應的同義字）。但「仁」這字到底是指的什麼？孔子對它下的一個最簡明而直接的定義，統觀《論語》全書，大概就是這「愛人」兩個字。

第二部分，《論語》這一章的內容，講了半天，其實它要告訴我們的，或就是指明孔子的儒家思想，可以說就是能擁有前述道家與法家思想之長，而兼具各家精華的更高境界的說明。

我們先討論第一部分。樊遲問仁。子曰：「愛人。」問知。子曰：「知人。」樊遲未達。子曰：「舉直錯諸枉，能使枉者直。」

孔子的學生樊遲請孔子講解「仁」的意義。孔子說：「那就是『愛護人』」。樊遲接著又問：「什麼叫做『明智』？」孔子說：「那是指能明察一個人是否能愛護人。」孔子的解釋實在太簡單扼要，樊遲一時跟不上，不免露出疑惑的神色。於是孔子又說：「那我再補充一下好了。例如我們能提拔一個正直而有愛心的人，把他放置在不正直又沒有愛心的人上面，那麼那些不正直又沒有愛心的人久之也會受到影響，變成正直而有愛心了。這不就是能以『明智』的方式來『愛護人』了嗎？」

但樊遲還是不太把握得住孔子話中的意思。說老實話，這段文字確實有些深奧。孔子學說的核心思想，以這樣幾句話表達出來，不要說樊遲在面對面間一時難以掌握重點，就是在多少年代之後，接著學習的我們這些人，推敲了多少功夫，結果可能仍是只得皮毛。但我們總要有個看法，或許仍然勉強，我們認為，孔子所說的「愛人」和「知人」不正是指出了人之所以為人的兩項本質：「感情」和「理性」嗎？

「感情」、「理性」，和「仁」是人之所以異於其他動物的重要分水嶺；其他的動物沒有明顯理性的能力，有些類似感情的行為亦大概只是本能的表現而非是一種意願感受的結果。而因為其他動物缺乏感情的「愛」和理性的「智」，當然也就不會有「仁」的行為標準出現了。既然只有人才會行仁，所以《中庸・第二十》也引用了孔子的話說：「仁者，人也；親親為大。」《孟子》〈盡心下〉也同樣把這個意義加以發揮說：「仁也者，人也。合而言之，道也。」儒家企求以「仁道」的方式來完成人生福祉的理想，可能輪廓就更清楚了。

接著，我們討論〈顏淵第十二・二十二〉的第二部分：樊遲退，見子夏曰：「鄉也，吾見於夫子而問知。子曰：『舉直錯諸枉，能使枉者直。』何謂也？」子夏曰：「富哉言乎！舜有天下，選於眾，舉皋陶，不仁者遠矣；湯有天下，選於眾，舉伊尹，不仁者遠矣。」

樊遲問了「仁」與「知」之後過了幾天，自己一直再三思索孔子對他的提示，大致已能掌握重點，但又還不是很清楚。於是有一天他就去找同學子夏來切磋這個問題。我們知道，在孔子的學生之中，子夏的專長就在於語文的運用和詮釋；所以樊遲找他說：「前些時候，我問老師怎樣才算做到明智。老師說：『提拔正直的人，放置在不正直的人上面，就能使不正直的人也變正直。』你認為老師話裡的含意是什麼呢？」子夏一聽，拍手說道：「嘩，老師這話說得徹底高明極了；這指的不但是使仁普遍化，而且就是中庸調和的智慧呀！我也想到兩個實例可以供你參考：一個是虞舜有了天下，選用皋陶以加強自己的不足，使施政沒有漏洞，那些只想混的不仁者就無法搞鬼而遠離了；另一個是商湯有了天下，選用伊尹以補自己的缺點，使施政沒有漏洞，那些不愛護人的不仁者也就無所施展而遠離了。」

子夏說到這裡，樊遲就完全明白了，於是兩人的對話就沒有再繼續下去。不過說了半天，為什麼子夏一舉這兩個例子，樊遲才真正進入了狀況呢？這或正是孔門心法的一種高層切磋結果，兩人之間一點就通。原來這兩個例子，正為這〈顏淵第十二・二十二〉做了最好的注腳，表達出一種以「愛」來做為「仁」的起點，而以「中庸」來作為「知」的終點的儒家最精萃思想創見在內。

孔子希望以最和諧的方式來解決我們人生缺乏一致真理標準的問題。但這最和諧的方式是什麼呢？孔子日夜不停思考，然後終於得出一個「仁」字。但「仁」又是什麼呢？這個「仁」的內涵開始在孔門師生間再三被提出來傳播、討論，其含義確實也無法很明白地來說清楚。可是，「仁者，人也」，仁卻毫無疑問的是人才具有的行為表現；至於為何只有人才有「仁」的行為，我們已反省檢驗人與其他動物的基本不同處是人有「感情」與「理性」，而其他的動物沒有；那麼「仁」的行為當然就是出於感情與理性的作用了。但人又怎麼樣由感情和理性來運作「仁」這回事呢？這就是樊遲所問的了。

於是孔子第一點回答樊遲說：「仁就是愛護人」。這個問題比較單純，人是感情的動物，人與人間互相的感情就是愛。「仁者，人也；親親為大」，愛是人感情的特色，其發生就由愛自己最親近的人開始；這都沒有問題。但怎麼推廣到愛護其他的人，甚至其他的物呢？這就要些智慧了。智慧就是理性，理性是人的另一惟有的特質，但怎麼樣來運用才能發揮最大的效果呢？於是孔子第二點回答樊遲說：「能明察一個人之是否能愛護人，就是智慧。」然後又補充說：「譬如提拔正直的人，放置在不正直的人上面，就能夠使不正直的人也變正直。」這就是運用高度的智慧來使愛達到仁了。樊遲不太有把握是否完全了解孔子的話，於是又去找子夏研究切磋一番。子夏立即加以發揮，特別為樊遲舉了「虞舜與皋陶」、「商湯與伊尹」兩個例子，於是樊遲終於貫通了孔子以愛來解釋仁，而以智來解釋中庸的整個脈絡。

子夏所舉的兩個例子，是側重在進一步貼切討論「中庸」以求更圓滿致「仁」的道理上。其實以最簡單的方式來說，儒家的所謂「中庸」，應就是一種能調和道家和法家等其他思想，而期盼達到可長可久的結果。

孔子除自己的儒家思想之外，對道家和法家也有過深入的研究已如上述，子夏對道家和法家的內容應亦下過相當功夫，所以他一開口便能反映孔子所講的重點。他所舉的兩個例子，第一個虞舜提拔皋陶是道家與法家的一種調和，而第二個商湯提拔伊尹則是法家與道家的另一種調和。

在第一例中，虞舜是道家柔性無為治國成功的典型，而子夏所提他重用來協助管理國事的皋陶卻是剛性法家思想中鼎鼎大名的前輩人物之一。虞舜無為而治，皋陶卻為他制定了一大堆法條來使社會得以安定運作，使虞舜成了一代聖君。在第二例中，商湯（又稱武湯），本是夏朝東方的一個諸侯國，因他整軍經武，國勢漸強，後來起兵討伐暴虐亂德的夏桀，終於取而代之建立了商朝，應是一位剛性法家代表性的君主。他初起之時，就提拔了柔性的伊尹作為他的宰相。伊尹本是廚師出身，出仕後以調和鼎鼐之術治國；首先明白民生吃飯問題的重要，而且致力於使老百姓戰亂後可以休養生息，施政以配合民情，活絡經濟為主；是一位崇尚自然，尊重人性的早期道家思想重要人物。而就因為他的能夠順應時勢運作，而終於成就了商代五百餘年的基業。子夏的這番話就等於是補充了孔子的意思說，如此用心來提拔一個能愛護人的正直人，真是推廣仁道的最高智慧。因為只靠自己一個人，不管再怎麼努力，所發揮的效果仍然有限，這就必須有人來協助自己，而且可補足自己尚有不逮之處更好。大家都能以長補短，形成一個以仁愛為核心，互相都能以中庸和諧的觀念來共存共榮；如此風氣之所及，那些原來不仁的人，就只剩下兩個選擇：一則是也受感化而轉變為一個仁人，二則是無所施展而只有銷聲匿跡了。

人是感情的動物，也是理性的動物；孔子兩千五百多年前怎麼就已掌握這個原則，我們不得而知。但他的「仁道」觀念，由感情出發則完全正確；所以他定義「仁」先從感情開始，不過又認為要做到圓滿卻要靠理性。感情就是愛，理性就是明智的決定。上天的造人，給了我們很多缺陷，使人生遍佈困苦與無奈。但上天卻又給我們留下感情與理性這兩種最珍貴的特質，祂使我們可以愛別人及被別人所愛，所以使愛人及被人愛的都因此有了價值；祂更使我們可以做自由的意志選擇決定，所以我們人生又因此充滿了希望。這就等於上天把人生的意義還是交回到我們自己人的手上了。而孔子認為這個人生的意義沒有別的，就是一個「仁」字。這個「仁」，就成了儒家思想的核心，可以用「情」和「理」來加以解釋；也就是儒家認為我們人之為人，應該終生追求的天賦使命所在。

那麼這個「仁」，依照這樣描述下來，如此崇高偉大、神聖莊嚴，它一定是很難由我們來做到的了？我們是不是應該把它放在神位上每天膜拜祈禱，希望它能給我們一些啟示，領導我們前進呢？孔子的想法似又不是這樣，反過來說，他卻傾向認為「仁」這回事，說高尚當然高尚，但說平凡也是平凡極了。他之所以歸納出「仁」的這個觀念，基本上還可能就因為「仁」實際上就存在我們人的日常生活之中，就存在於我們每一個人自己的心中。它在我們各種眼花撩亂的人生理想中，沒有比它更豐富、重要、圓滿的了；而在各種人生理想的追求上，又沒有比它更能輕易獲得的了，我們怎還不趕快去抓住它呢。於是，在這裡就要提到

《論語》中的另一段話了；孔子說：「仁遠乎哉？我欲仁，斯仁至矣！」（〈述而第七・二十九〉）。我們思考這段話的意義應就是：「『仁』這回事，距離我很遙遠，很難做到嗎？其實仁不仁應只是一種意志的問題。我不想去做，它當然像在天邊一樣地遙遠；但只要我想做，它是近在眼前，立即就可實行的。」我們再一思考，可不就是嗎？人要追求功名利祿，甚至找一份餬口的工作，都不免要花很多精神力氣，而我們要幫助一位老人家過馬路，或是不隨便亂丟一個寶特瓶，這些不過舉手之勞的事，沒有人會說做不到；做了，卻就是仁道的開始。那「仁」，有什麼困難不能做呢？孔子於此又進一步還說了：「為仁由己，而由人乎哉？」（〈顏淵第十二・一〉），也指明要行仁道，要憑自己的意志開始，不是別人可以幫你做；或是要別人督促你才做的。

所以，意志是純然自由的，他人也許可以禁錮你的肉體，卻絕不可能限制你思想上的自由選擇。只要認為是對的就去做，哪裡還有什麼遠不遠的問題呢？另外意志也代表一種堅持，也就是《中庸》裡所謂「擇善固執」的意思，那還有什麼好猶豫的呢？

孔子在《論語》〈子罕第九・二十五〉提到：「三軍可奪帥也，匹夫不可奪志也。」說的就是三軍雖眾，如人心不一，是連自己的主帥都保不住的；那就還不及一個普通人立了堅定的志向之後的不易受人影響動搖了。又十七世紀的天文學家伽利略，曾在當時學界普遍認為地球是宇宙中心的情況下，自己以望遠鏡觀察，得出地球實際上是繞日而行的結果；發表後受到甚多攻擊並被軟禁。晚年體衰甚至雙目失明，其仍然堅持地球繞日的信心；直至死前仍在病床上念念不忘地提到：「地球還是動的啊。」思想意志的自由堅定，確實無人可予改變。

現在，我們試把仁愛、中庸、智慧、自由、意志這幾樣美麗的東西作為藍本，或許我們可以據之描畫出一幅美麗的圖畫來也不一定。畫什麼圖畫呢？或就是像達文西的「蒙娜麗莎微笑」那樣的一幅畫吧。一位美麗女子淺淺的笑容、和安詳的姿態都正是充滿了感情、和諧與理性、靈巧的筆觸顯現；但她的腦海裡卻一定還有著千絲萬縷自由而輕柔地波動著的綿長思緒同時存在。她心目中冰雪地明白，她的確已不枉在這人間經過這麼一遭；她也一定清楚地記得自己做過些什麼對得起自己，也對得起這個世界的事。她那黠慧的眼神，不是除了凝視著遠方之外，也正對著今日的你我娓娓地訴說著五百年來她所見證過的一切探索、憧憬、成長、付出、收穫，以及她自己對這世間迄今仍存著的無盡依戀，都就在這裡邊了？人的胸懷，就應該這樣才對。我們也可看北宋的范仲淹，在岳陽樓上遠眺著那滾滾的長江，慨然而有「先天下之憂而憂，後天下之樂而樂」之志。又那位東晉的田園詩人陶淵明敘述「採菊東籬下，悠然見南山」，其實都是相同的意境。「仁」，沒有什麼所謂至大，也沒有什麼所謂最小；我們何不立即就從眼前拈起這一朵美麗的菊花做起？至於那悠然的南山啊，卻是一個目標。人呢，可以兼善天下，也可以獨善其身，要緊的卻絕不可把這一生白活過去。

# 第三論

# 吾道一以貫之

## ——論孔子的忠恕思想

有關主要《論語》篇章

（一）子貢問曰：「有一言而可以終身行之者乎？」子曰：「其恕乎？己所不欲，勿施於人。」（〈衛靈公第十五・二十四〉）

釋文　子貢問道：「有以一個字，就足以表達出我們做人做事終身奉行原則的可能嗎？」孔子說：「大概可以用這個『恕』字吧？它的意義就是：『你自己不想別人怎樣對你，你就不要那樣對人。』」

（二）子曰：「參乎！吾道一以貫之。」曾子曰：「唯。」子出。門人問曰：「何謂也？」曾子曰：「夫子之道，忠恕而已矣！」

（〈里仁第四・十五〉）

釋文　孔子說：「曾參啊！我平日所講的做人做事道理，在實踐上，其實都在堅持貫徹一個基本原則而已。」曾子回答道：「是的。」孔子出去後，別的學生問曾子說：「這話怎麼講呢？」曾子說：「老師的道理，是要我們盡心竭力，從頭到尾做好一個『恕』字就對了。」

（三）子貢曰：「如有博施於民，而能濟眾，何如？可謂仁乎？」子曰：「何事於仁，必也聖乎！堯舜其猶病諸。夫仁者，己欲立而立人，己欲達而達人。能近取譬，可謂仁之方也已。」（〈雍也第六・二十八〉）

釋文　子貢說：「假如有人能廣泛地為老百姓創造利益，而且又能適當救濟需要特別照顧的弱勢族群，這種行為怎麼樣？應合乎『仁德』的標準了吧？」孔子說：「這何止是『仁德』，那應說是『聖德』了！連堯舜那樣的人恐都還做不到這樣圓滿呢。一個實踐仁道的人，如做到自己想在社會上立足，就想使他人也能夠在社會上立足；自己想進一步對社會有所貢獻，就想幫他人也能夠進一步對社會有所貢獻。這樣能將心比心，就近以自己的需求來考量到別人也有同樣的需求，那可以說是一種仁道的最高目標了。」

孔子領悟到人生的真理可能難解。但我們人在世間卻仍必須要持續追求生活下去的意義。這就是一種知其不可而為之的精神。而這知其不可而為之應以最和諧的方式來推動。孔子認為要合乎最和諧的方式，而又能表現出人的特質的概念，應就是一個「仁」字。

那仁可以用「愛護人」來做基本解釋。可是，所謂「愛護人」的標準又是什麼呢？這或又還有待釐清的必要。因為，仁要化而成為一種愛的行為，就一定要有明白的規範依據；否則你說你的仁愛，我說我的仁愛，那麼到底誰才是仁愛呢？

譬如慈母之愛護子女，總是無微不至，為其排除一切人生的障礙，雖已是無私，卻易使孩子失去成長學習與磨練的機會，那算是一種「仁愛」嗎？又如一個貪官汙吏，自肥了大把鈔票之後，就說那可以使我更有勁去服務民眾，使他們多得照顧，那這仍可叫做「愛護人」嗎？心理分析大師佛洛伊德（S. Freud）提到人有時會發生一種以假行為來掩飾真動機的心理現象，例如明明對某鄰居毫無好感，卻在其家中遭小偷時特別去關懷慰問，心中卻可能正存著幸災樂禍的念頭；或明知某朋友正在節食減肥，卻偏在她生日時送上一大堆名牌巧克力，存心胖慘她最好。那麼這些又都是不是「仁愛」呢？

孔子的學生裡就有人又想到這個「仁」或者「愛護人」可能會有對錯或真假的問題，那麼我們在實踐仁道的時候，應該如何加以判斷呢？這就應該有個統一衡量的方法，而且應該愈簡明愈好，否則我們在人與人間一個互動行為發生的時候，一有偏差，那就不但失去對人投注關懷的美意，而反會使對方受到損失造成傷害了。於是某一天子貢就對老師提出心中的疑問。

《論語》〈衛靈公第十五・二十四〉記下了這件事。子貢問曰：「有一言而可以終身行之者乎？」子曰：「其恕乎？己所不欲，勿施於人。」

這段話的大意是指子貢問說：「老師，你教我們立身處世，做人做事，都一定要以合乎仁道為依據，我們都已明白。有個問題是在每天實際處理各種大小事務上，牽涉太廣泛、太複雜、太瑣碎，我們卻還是常會發生有拿捏偏差的可能，這樣就可能對人反而不妥了。我想請問老師的是，你可不可以用最簡單的方法，最好只是一個字，就可以包括全部判斷一個行為的是否合於仁愛要求，使我們可以做為終身奉行的檢驗標準嗎？」子貢問完，孔子略一思考，然後回答說：「那麼也許是一個『恕』字吧？如果一個人做到『你自己不想別人怎樣對你，你就不要怎樣對人。』應該就是最簡單明白的仁愛實踐準則了。」

子貢得到老師的指點，心中的問題應就解決了一大半。用這個「恕」字來進一步解釋「仁」的行為，直到今天看來，也還是妥貼之至。再細一歸納起來，它相對於「仁道」的推展，至少有三項特色可言，那就是（一）具體性（二）實用性和（三）統合性。

先說「具體性」。子貢所問的，是原來這個儒家核心思想的「仁」字，乃屬於一種較為模糊的抽象概念。仁是什麼，大家都多少有些了解；但要你講，又難說清楚。雖然孔子後來又加上了一個「愛」字，但愛的行為卻仍有其爭議性，如前述的「愛」得是對是錯，是真是假，我們應如何來做衡量呢？

好，現在孔子進一步回答子貢什麼是仁愛了。這個回答又有兩點含意。第一點，子貢希望最好只以一個字來表達，如此才好記住。所以孔子首先便先提了一個「恕」字，以滿足子貢的請求。但他當然也知道，這個「恕」字，是使子貢好記了，不過光強記恐怕又難真正發揮學習的效果，所以他接著又補充了「己所不欲，勿施於人」一句話；這樣就更清楚地，等於像一位建築師一樣，把仁愛的這個概念，像表達一個所謂「美麗的房子」一樣，把這個「美麗的房子」的概念，以具體的藍圖描畫出來了。由抽象的「仁愛」概念，轉而以具體的一種「恕道」行為來加以實踐，這個「己所不欲，勿施於人」就是這幢仁愛的美麗的房子的結構藍圖。第二點，子貢問的是個人實踐的問題，別人的看法暫且不論，也無法可論；因為你就是自己省吃儉用，然後捐了很多錢給社福機構，也還難免會有人說你只是沽名釣譽，譁眾取寵的。所以孔子回答的也只是關於個人先求合乎「恕道」的行為，我們用白話文來表達，那就是「你自己不想別人怎樣對你，你就不要那樣對人」了。這樣孔子貼切具體地回答了子貢的問題；子貢一想，這可不就正解釋了自己拿捏之間的疑惑嗎？因為我對自己某項表現是否合乎「愛護人」的行為不太確定；那空說沒用，其實只要自問，如果受到同樣的行為對待時，我自己會不會真有覺得被尊重、被愛護的感受就是了。這也就是可以一言而可以終身行之的具體準則了。

再說「實用性」。我們剛才提到這個「己所不欲，勿施於人」，就像是一位建築師把「仁愛」這幢美麗的房子，用藍圖具體地呈現了出來，但這個形容可能還不夠盡意。也許我們應說，這個「己所不欲，勿施於人」的準則，應就等於是這位建築師根本就連房子的模型樣品屋都已經擺設出來才對。因為依照「你自己不想別人怎樣對你，你就不要那樣對人」的意義，其實質上已是完全與生活結合，像樣品屋一樣，讓人一目瞭然，一看就懂了。這也就是說，除了具體之外，還有比這更實用的解釋嗎？而且這句話的實施範圍、對象，在我們生活條件中無所不在，亦即我們日常的每一個行為，有哪一個是與這個環境、他人是絕對無關的呢？所以孔子也曾提到過：「君子無終食之間違仁」一句話（《論語》〈里仁第四‧五〉）就算是吃一頓飯，我們有沒有隨便浪費食物，有沒有對同食的朋友做了些莫名其妙的舉動，都是應該檢討的呀。不過話又說回來，也就因為這個能否多考慮別人感受的「恕」的準則，與一個人處理自己生活的意識形態密切相關，那又只要我們平時稍微留意一點，孔子要子貢常存「己所不欲，勿施於人」之心，事實上也等於要子貢把這個觀念與自己的人格結合，使自己的思想行為得以穩定，那遇事就自然不致偏離「仁道」了。孔子這種明白以「將心比心」作為道德終極標準的思想，在西方哲學中其實也有多人如蘇格拉底、聖多瑪斯、康德等亦持類似看法。古希臘哲學家蘇格拉底（Socrates）認為人既知對錯，就不會不依其所知來行事。而為甚麼還有人作惡，就是其人根本還不明白對錯的道理，沒有建立起自己良心要求的緣故。中世紀的經院哲學家聖多瑪斯（St. Thomas）則認為所謂良心，就是一種「來自上帝使我們可以做出正確決定的原因」。而近世的德國哲學家康德（I. Kant）則更在比較了各種所謂道德準則之後，最後還是認為真正的道德法則確實無法由外在的限制來使其完善，而只能由個人心中一種無所不在的「無上命令」來約束自我才能達成。所以康德認為這世間惟有兩件事最重要；而人就必須學會敬畏這第一「我頭頂上燦爛的星空」與第二「我心目中明白的道德準則」後，才能稱做是一個真正自由自在的人。這也應就是達到子貢所求的「可以終身行之」的輕鬆愉快境界了。

最後，我們討論「恕」的「統合性」。本來世間所有所謂倫理道德項目，不論是「四維」也好，「八德」也好，「三達德」也好，最終目的應都是在追求人生的合理和諧，而講到人生的要達到合理和諧，又再沒有比這個「仁」的項目更為中肯、徹底掌握重點的了。或許我們可以說，「仁」就是眾德的最高品質，是所有行為評估的最後依據。無論哪一項道德概念內容，如果少了「仁」的成分，可能執行起來就會走樣。所以孔子亦說：「人而不仁，如禮何？人而不仁，如樂何？」（《論語》〈八佾第三．三〉），連行禮、奏樂，如果不先存著仁厚之心，那麼所行的禮，所奏的樂就會缺乏和諧、平順、誠懇、優美的內涵，而使人授受之間，失去真正享受的感覺。又說：「仁者必有勇，勇者不必有仁。」（〈憲問第十四．五〉），指出單純的勇德有時可能會失諸魯莽，但行仁德要愛護人卻必須有相當平和而持久的勇氣去面對有時或會遭遇到取捨間的困難。「仁」或者說「愛護人」既是眾德之首，所以子貢也希望能隨時留意不要脫離這個最高理想的規範。現在孔子果然指出了這個「己所不欲，勿施於人」的「恕」就是最簡明的原則，不但把儒家的「仁道」精神，完全表達無遺，而且也同時更加強了「仁」之所以可以做為所有倫理道德項目基礎之統合解釋的清晰程度。例如：我們再以「禮、義、廉、恥」這四項德目來做說明；我們一講到「禮」，就想到規規矩矩的態度；一講到「義」，就想到正正當當的行為；一講到「廉」，就想到清清白白的辨別；一講到「恥」，就想到切切實實的覺悟。其實這所謂規矩、正當、清白、切實的最終標準原則，不也就是「你自己不想別人怎樣對你，你就不要那樣對人」便是了？孔子提了這個「恕」字，雖然是針對解釋「仁愛」的意義而來，事實上，卻又同時也把其他倫理道德的執行標準都一併說明清楚了。所以《大學》一書在〈傳之第十章〉中提到「所惡於上，毋以使下；所惡於下，毋以事上；所惡於前，毋以先後；所惡於後，毋以從前；所惡於右，毋以交於左；所惡於左，毋以交於右；此之謂絜矩之道。」其實也就是闡明這個「己所不欲，勿施於人」就是道德規矩的主要綱領的更完整說法。而《中庸》一書在〈第十三章〉中亦記下孔子曾特別強調「忠恕違道不遠」，亦就更可說明這個「己所不欲，勿施於人」不但解釋了仁愛的行為標準，而根本上可能已很接近我們所追求的人生真理，而可以作為一般道德項目的最基本行為守則了。

子貢在孔子那裡得到了這個「一言而可以終生行之」的道理

後，心裡踏實多了。但過了幾天，可能又發現還有些疑惑之處自己想不通。這些疑惑約有兩項。第一項是他很崇仰孔子只以一個「恕」字就涵蓋了整個應終身實踐的行為基本精神；但作為一個喜歡打破砂鍋問到底的學生，他卻也同時好奇老師從那裡得到這個可以放諸四海而皆準的道德原則。第二項是他很自然地記起在若干年前，他也曾與老師談過這個類似「己所不欲，勿施於人」的行為要求。他記得當時與老師的對話是：「子貢曰：『我不欲人之加諸我也，吾亦欲無加諸人。』子曰：『賜也，非爾所及也。』（〈公冶長第五・十二〉）」。那他當時向老師報告自己要以「我不願意別人勉強我去做的事，我也不願意把同樣的事勉強別人去做」作為自己的守則；老師卻持否定的態度，說他做不到。那現在老師怎麼又把類似內容的一句「己所不欲，勿施於人」的話，要他去做呢？

正巧子貢不久在另外一個場合裡又有一次單獨見到孔子的機會。孔子此時已在周遊列國後回到魯國老家，平時已不是很忙。於是子貢為老師及自己泡了茶，可能就藉此機會向老師報告了從上次得到一個「恕」字以及「己所不欲，勿施於人」的指點之後，受益良多。這一陣子他依照著這個原則做事，果然得到了更多行為上的得心應手，減少了很多得罪人或自己做了又後悔的結果。這樣談了一、兩個小時，子貢該報告的已說完了，可是還不肯走；因為他主要想問的還沒問。子貢當然也知道這兩個問題有些敏感，怕提了老師會不高興。這樣蘑菇了一會，孔子應也已有覺察，知道子貢還有額外的問題要問，看他吞吞吐吐的樣子，對照前一陣兩人的談話內容，也猜到他可能要問些什麼，但一時尚未便拆穿。子貢有一搭沒一搭地談著「恕道」及一些其他有關求學及周遊列國時的過往瑣事。孔子看著眼前這位追隨自己多年的學生，這時因已是孔子晚年的階段，老人家本就特別容易產生感懷的情緒，而子貢說話中可能又有提到顏回、冉耕、仲由、孔鯉等已故同學留下的舊事，孔子與這些長期追隨過自己的學生本來就情誼深厚，孔鯉還是自己的獨子。每一想及這些得意弟子竟都英年早逝，老人家可能都會難過地想到是不是老天在跟他開玩笑（《論語》〈先進第十一・八〉：「顏淵死。子曰：『噫！天喪予，天喪予！』」）然後說著說著，他又難免對老師提到一些過去或現在的各國當權者的施政得失，當然是他不齒的人居多，而配合向老師報告實踐「恕道」的心得主題，他就認為這些當權者的所以不能把國家治好，問題應就在於私心太重，不懂得「己所不欲，勿施於人」的緣故。子貢講到這裡，愈來愈激動；孔子心情也愈來愈沉重，想到自己一輩子知其不可而為之，到處推動「仁民愛物」、「世界大同的理想」，效果卻正如子貢所說的有限。現在自己已到了生命晚年的時期，有些弟子更是已先自己而去。濁世滔滔，混亂無已，但事情卻顯然還是要繼續「而為之」才好；弟子三千以後必須有些最能掌握自己思想的人來接棒。剎那之間，孔子腦中千迴百轉，是該做個決定的時候了。孔子想著，於是緩緩收起笑容，目光卻更緊緊盯住子貢；然後憮然長嘆了一聲，本來微笑的臉龐也隨著凝重。子貢驀然驚覺，知道老師又有話要交代了，但不知老師要說什麼，因為老師所展露是一種似從來沒有過的嚴肅神色。使得子貢不由自主，就把自己坐著的姿態稍端正了一下，等著老師開口。於是兩人之間又產生了另一段重要的對話。這段對話在〈衛靈公第十五・二〉記了下來。子曰：「賜也，女以予為多學而識之者與？」對曰：「然，非與？」曰：「非也，予一以貫之。」這段對話很可能就此成了儒家道統傳承的依據。我們且來看看孔子在這裡面表達了何種意義。

「端木賜啊。」孔子終於說話了，一開口便直呼子貢的名字：「你剛剛在向我報告這陣子實踐恕道的心得，我都很高興，很贊同。你是不是同時也在想著這個『恕』字，包含的範圍很廣，境界很高，茲事體大，那一定是我從研究了很多有關的學說理論之後，所得出來的了不起大道理了？」子貢一聽，這正是自己心中所想的一件事，被孔子輕輕鬆鬆地點破了。可能先愣了一愣，但也連忙照實回答：「對啊，這個那麼高深超越的道理，應該就是老師的心血研究所得的結果，難道不是嗎？」孔子聽了點點頭，又搖搖頭，然後又露出了一抹笑容，子貢看得眼花撩亂，一時不知老師要告訴他什麼，又不敢逕自再接話。這樣停了一會，孔子又開口說：「端木啊，其實不是這樣的。要了解這個恕道，就是一句『己所不欲，勿施於人』而已，哪能算是什麼高深的學問呢？不過話又說回來，這個『恕』字卻難在不要只做一天兩天，而要能終身從頭到尾貫徹遵行；我自己就是這樣一路走過來的，現在把這道理告訴你們，希望你們不要辜負我的一番心意才好啊。」

孔子這樣交代，意義當然很清楚了。其重點或許有三。第一點應是先直接解開子貢的第一項疑問，即說明這個恕道其實並不是什麼了不起的大道理，不必先有什麼高深的學識基礎才能了解。第二點是間接回答子貢的第二項疑問，即這個恕道雖不難懂，卻貴在要能堅持貫徹做到，如光嘴巴說，是不能算數的。這個道理，其實孔子在《論語》〈為政第二．十三〉裡也曾對子貢提過：「子貢問君子。子曰：『先行其言，而後從之』」。也是同樣提醒子貢切勿言過其實的意思。然後第三點，一句話，應是孔子對子貢的一種結論囑咐，也就是最後殷切地再強調說：「端木啊，我的一貫之道以後就靠你們了。」子貢凜然受命，對自己的責任要求亦隨之更提高。後來孔子逝世後，眾弟子守墓三年，唯子貢獨自守墓六年才去，這也是對老師的一種無上尊崇的敬意了。

孔子對子貢做了傳承的囑咐之後，心裡比較輕鬆了。可是孔子的弟子三千，單以子貢一個人來做代表是否能致周全呢？孔子又思考這個問題。於是過了一段時間後的某一天，孔子又做了另一個重大的傳承決定。上一次是認定子貢，這一次則是公開實施了一次考驗選拔。這次的候選對象是曾參。但為何孔子以子貢為代表即直接認定，而對曾參則又再加考驗呢？原因之一，當然是孔子對門下的優秀學生，都已有相當深入的了解，知道子貢和曾子都是堪當大任的人才。原因之二，應是子貢小孔子三十一歲，已追隨孔子多年，平時表現已有口碑，孔子一指定，大家都不會有意見。曾子卻比孔子小了四十六歲，是新加入孔門沒有幾年的學生。同學中比他資深的多的是，孔子若貿然逕自指定他為傳承的代表，恐怕不服氣的人就多了。於是孔子就在某次課堂上當眾對曾參做了一次抽考，使他有機會表現出他的學識能力，使其他的同學都能口服心服。

這件事記在《論語》〈里仁第四．十五〉裡：子曰：「參乎！吾道一以貫之。」曾子曰：「唯。」子出。門人問曰：「何謂也？」曾子曰：「夫子之道，忠恕而已矣！」

這次對曾參的突擊抽考，平靜而精采。孔子就在某次講堂討論課時，可能先安排了幾位學生做研究報告，然後研究報告的最後一個正是曾參。曾參向來用功，報告當然很紮實，曾參站在講臺上報告完畢之後，孔子先做一番講評，誇獎他報告得很出色。曾參當然歡喜，一面謝謝老師，一面收拾報告的資料正要回座；卻不料孔子突然把他叫住說：「曾參啊，我記得你好像才來跟我求學沒幾年，但從今天的報告裡，我發現你似已很能掌握我平時所教你們的立身處事道理了；你學習進步得確實很快。今天我卻想也了解你學習的深度，我現在只問你一個重點問題，就是我平日所講的立身處世道理，其實都只在堅持貫徹一個基本原則而已。你知道那是什麼嗎？」孔子問完，曾子也正把資料收好，神色自若，卻恭敬地回答孔子說：「報告老師，我明白的。」孔子一聽，高興極了，一切正如他所預料的；曾參這個學生個性忠厚老實，讀書又能如此掌握學以致用的原則，看來自己可以完全放心了。於是孔子宣佈下課，面帶著十分愉快的神色走出講堂。但是老師一出講堂，尚未待曾參回到自己的座位，其他的同學就圍上來了，大家可能都看不大懂孔子與曾參之間到底最後互相在傳遞什麼訊息。有人立即急著問：「喂，曾參，老師在跟你打什麼啞謎呀？」曾參卻仍保著他一貫平和的態度，不慌不忙地回答同學的疑問說：「老師剛剛說的是，他要求的就是要我們盡心竭力做好『己所不欲，勿施於人』這件事就對了。」

曾參真是善體人意，難怪孔子一聽他毫不猶豫，氣定神閒回答「明白」，就知道他確已百分之百了解他所謂堅持貫徹的一個基本原則是什麼，也就放心不必再多問了。而稍後曾參回答同學的追問卻又堪稱一絕；因為他不但立即說明老師的一貫之道就是個「恕」字，而且又以自己學生的立場發揮加上一個「忠」字；完整的意義就是說，我們做學生的，除了完全接受老師所教「己所不欲，勿施於人」（恕）的基本原則之外，我們還必須要以「盡心竭力」（忠）的態度，來遵行到底。所以曾參稍後還有兩段表明心跡的話，分別記在《論語》〈學而第一‧四〉及〈泰伯第八‧七〉裡。第一段是，曾子曰：「吾日三省吾身。為人謀而不忠乎？與朋友交而不信乎？傳不習乎？」第二段是，曾子曰：「士不可以不弘毅，任重而道遠。仁以為己任，不亦重乎！死而後已，不亦遠乎！」說明了他認為作為一個讀書人，尤其是孔子的學生，就一定要每天檢討遵行這個「己所不欲，勿施於人」的仁愛基本守則，至死方休了。

至於子貢，在孔子交代完曾參之後，也還另與其再發生了一段對話，我們也必須在這裡提出來，以使孔子的恕道精神，能更完整地清楚表達。

這段對話在《論語》〈雍也第六‧二十八〉裡，記的是：「子貢曰：『如有博施於民，而能濟眾，何如？可謂仁乎？』子曰：『何事於仁，必也聖乎！堯舜其猶病諸！夫仁者，己欲立而立人，己欲達而達人。能近取譬，可謂仁之方也已。』」這應該是在孔子把這個終身實踐一個「恕」字就是他的一貫之道，囑咐給子貢，子貢當然也敬謹接受，而且每天更努力檢討自己及思考怎麼樣可以把這個『己所不欲，勿施於人』的原則做得更好之後；某天他又想到一件事，自己覺得沒有太大的把握來做解釋，於是就又去向老師報告說：「老師，你告訴我們說，一個人只要實踐『己所不欲，勿施於人』的恕道精神，就已合乎行仁的愛護人標準了。現在我想到一種情況，那就是假使有人能廣泛地為老百姓創造利益，而且又能適當救濟需要特別照顧的弱勢族群，這種人的行為好像與單純『己所不欲，勿施於人』的定義不太相合了，那我們仍把這種表現歸屬於愛護人的仁道行為嗎？」孔子一聽，子貢竟然問出這樣有水準的問題來了，於是露出燦爛的笑容，高興地回答說：「好個子貢，你問得好極了。我也正準備要和你談這個問題，又怕你一時無法奉行這個『恕道』的更進一步道理，所以才還沒說。你剛剛講的那種行為，何止是合乎『仁』的要求，簡直已是超越到成為『聖人』的標準了。我告訴你們的恕道從己所不欲勿施於人開始，只要能做到消極的持之以恆，凡事考慮對別人的關心，就已經合乎有仁德的君子條件。我本來對你們的基本要求，也不過是這樣而已。至於你另外提出來的恩澤廣被眾民的行為，那已是達到一種更高層次的『聖人』境界！連堯舜那樣的人恐都還做不到這如此圓滿呢。但這卻是仍由『己所不欲，勿施於人』所衍生出來的沒錯；卻已提升成為一種『己欲立而立人，己欲達而達人』的仁道積極行為，也就是說已進一步考慮到『如自己想在社會上立足，就會想使他人也能夠在社會上立足；自己想進一步對社會有所貢獻，就會想幫他人也能夠進一步對社會有所貢獻。』這原則上仍屬將心比心的一種『恕道』行為，即『你做一件有意義的事情時，不想別人冷漠以對；那麼在別人做一件有意義的事情時，你也就不要冷漠以對，而應伸手幫忙，以助其成。』這樣就近以自己的需求來考量到別人也有同樣的需求，那可說是一種仁道的最高目標了。」

子貢這樣一問，孔子這樣一答，儒家的一貫之道就更清楚了。簡單地說，也就是「己所不欲，勿施於人」是孔子對人生意義應以成為君子作基本目標，而進一步如做到「己欲立而立人，己欲達而達人」則是一種達成聖人境界的最高目標了。這種想法，近代美國人本主義心理學家馬斯洛（A. Maslow）也認為基本上，凡是人，應都有一種「自我實現」希望能把自己的潛能充分發展的傾向。但自我實現卻又有兩種類型，一種是健康型的自我實現，任何人經過正常努力便可做到，另一種則是超越型的自我實現，卻是只有少數人而且要非常努力有重要貢獻才算做到。這個意義，也就類同君子與聖人的層次不同了。

孔子相繼交代了子貢和曾參兩人之後不久，可能只是一年左右便辭世了。接下來，果然子貢和曾參對儒家學說的繼續發揚光大，分別做了相當顯著的貢獻。

先說曾參。他忠厚內斂，是一個典型的讀書人。孔子過世後，他就續承了老師的教育和研究的工作，後來編著有《大學》等重要儒家經典文獻，把儒家的思想繼續做了更深入的詮釋、發揮。孔子的孫子孔伋(子思)，則受教於他的門下，後來也編著有《中庸》等書。接下來還有一個重要人物孟軻則是孔伋的再傳弟子，留下《孟子》一書，更為儒家的理論又充實了不少內容。而他在書中所提「強恕而行，求仁莫近焉」(《孟子》〈盡心上〉)，說要達到「仁」的境界，就沒有比努力推行「己所不欲，勿施於人」更好的方法；這「強恕」兩字，其實和曾參的「忠恕」兩字，意義一致，都是要我們終身奉行孔子的一貫「恕」道的一種表達。

再說子貢。他比較是一個多才多藝，興趣廣泛的人物。除了追隨孔子讀書之外，他對從政、經商也都很有興趣心得。孔子之後，他短暫在魯國和衛國做了幾年官，位至卿相；然後又辭官從事國際貿易。子貢雖然改行經商，卻在生意上仍堅持其先義後利的誠信「恕道」精神，成為後世所謂「儒商」的鼻祖。而且因此規模愈做愈大，累積貲財至富可敵國；與各國國君都很有交情，與他們往來都可以平起平坐。然後子貢運用了他龐大的政治與經濟勢力，對儒家學說也做了很大推廣。司馬遷在《史記》裡就特別強調：「使孔子名布揚於天下者，子貢先後之也。」意思即是說：「孔子的思想之能夠廣被天下，就是因有子貢在孔子生前死後，不斷在人前人後努力宣揚的結果。」儒家確實如果少了曾參和子貢這兩個人在孔子之後接續傳道的話，其後續的影響，無疑是會大打折扣的。孔子最後擇定這兩位做為自己的傳人，也確是又一種知人的睿智表現。

於是，孔子之道的一貫體系等於是以完整的面貌呈現出來了。也就是孔子從「知其不可而為之」開始；然後期盼以和諧的方式來解決這世間上各種紛擾的問題。那最能表達人與人之間和諧互動的概念應即是一個「仁」字。仁就是「愛護人」的行為。衡量一個人的是否真正做到愛護人，就要看他表現愛護人的行為時，是否已合乎「恕」的標準。這個「恕道」就是「己所不欲，勿施於人」。但是這個「恕道」要做起來卻不能只做一天兩天敷衍了事，而是要盡心竭力、終身奉行才能算數；而一個人如能夠因此而致為這個世界帶來深厚的影響則更好。這應就是孔子之所以強調「吾道一以貫之」的道理所在了。

# 第四論
# 攻乎異端，斯害也已
## ——論言論自由

有關主要《論語》篇章

（一）子曰：「君子不器。」（〈為政第二・十二〉）

釋文　孔子說：「人是意志自由的；我們要知道人與單純的器具不同。所以君子不可把人只當成器具來使用；更不可被人只當成器具來使用。」

（二）子曰：「攻乎異端，斯害也已。」（〈為政第二・十六〉）

釋文　孔子說：「人是意志自由的；每個人的意志、思想都是獨特的，沒有兩個人對一件事物的看法會完全一致。所以我們必須尊重他人的言論自由。如果隨便因有人與自己的意見不同就加以攻擊，那是很不妥當的做法。」

孔子認為我們人的意志是自由的，可以做出自己人生的選擇。在兩千五百多年前，那種知識尚未普及的封建時代裡，孔子就已有這樣高明的思想，實在令人驚訝。因為人而可以自由，一直到近代十九世紀末、二十世紀初，存在主義哲學出現後，才算是一個比較確定的觀念。以前漫長的神權及君權社會裡（中外皆然），原多認為人生是卑微的，其價值和意義必須經由威權才能獲得；自己的命運操縱在各種威權手中（從上帝到君王到任何可能影響自己生活的人），自己的一切都要仰賴別人給予，是一種人生他決的理論。到存在主義卻提出了相反的論點；認為人生是尊貴的，大家在這個世間，一開始都平等以個人的資格存在，每個人起先都等於是白紙一張，然後接著一生的價值和意義都要由自己選擇決定，自己的命運掌握在自己的手裡，乃是一種人生自決的理論。

而孔子不但早就已掌握了意志自由的思想，大大地提高了人的地位。他同時還為人指出了一個理想的人格模式，那就是在我們意志自由的選擇之下，人人都應該以成為一個君子人為目標。一個君子人的行為要合乎「仁」的要求；這個仁的要求就是要先從尊重自己及尊重他人做起，是一種「己所不欲，勿施於人」的恕道精神表現。這個恕道也就是孔子強調我們應持之以恆，一以貫之的「吾道」。他認為如此人人能在自由意志之下，做好將心比心，互重互助的君子之道，那就是可以達到社會和諧及世界大同的不二法門了。

現在我們進一步來討論什麼叫做君子，以及君子之道為什麼可以影響社會和諧及世界大同。

首先我們要提的是《論語》〈公冶長第五・四〉及〈為政第二・十二〉的兩段話。

第一段是：「子貢問曰：『賜也何如？』子曰：『女器也。』曰：『何器也？』曰：『瑚璉也。』」

第二段是：「子曰：『君子不器。』」

這兩段話都提到了一個「器」字。從字面上來說，第一段話似是對器的肯定，而第二段話則似是對器的否定，這同一個字為什麼孔子作了正好相反的形容使用？這卻是容易混淆了。所以我們在本文一開始就先再談了一下意志自由的問題。因為第一段話的「器」字與意志無關，只涉及一件器具的用途；而第二段話的「器」字則與意志有關，講的已是人與器的分別。那就是說，人是有個人意志的；而器，不管是哪一種器，就器論器而言，是沒有自我意志之可能的。孔子應就是在這個不同的立場上，分別談的這個器字。現在我們就試把這兩段話依這個原則來做一個較深入的白話表達。

第一段說的應是：「子貢向孔子請問：『老師，你可不可以告訴我，你對我端木賜有怎樣的看法呢？』孔子回答說：『很不錯呀，你已算是成器的人才了。』子貢又問：『老師，你說我算是成器了，那你認為我成了怎麼樣的一種器呢？』孔子說：『你應該是成了那種屬於宗廟裡祭祀行禮用的玉器了。』」

第二段說的應是：「孔子說：『人是意志自由的；就這一點來說，人之為人，是與單純的器具不同的。所以一個有道的君子絕不可把人只當成器具來使用；更不可被人只當成器具來使用。』」

這樣看來，孔子應是將人的意志分為兩個不同階段來處理。第一個階段，人要在社會上立足，就先要「成器」。大器也好，小器也好，總之先要做個有用之材，這是純粹以器具的物性而言，與個人的人性意志關係較少，你成為一個瑚璉固然好，或成為一個茶杯也是不錯的。孔子在這裡說子貢是瑚璉之器，當然是一種讚美，瑚璉的層次及價值高於茶杯，但本質上兩者都是缺乏自我意志的，雖然有用，其功能卻是不能自選的；亦即瑚璉原則雖是用來裝重要祭祀物品的禮器，茶杯是用來裝水的普通家庭用具，這是正常的用途。但如果有人硬要把瑚璉或茶杯用來盛不好的東西又怎樣呢？我們也許說是糟蹋，但瑚璉和茶杯卻還是得任人擺布，無法做出任何自選拒絕的動作。

世間所有的器物皆然，雖然有用，卻無法自我決定做什麼用。最顯著的就是金錢這種器物了。金錢萬能，也萬惡；其實萬能萬惡都不是金錢本身的意願，金錢只能由控制它的人來決定其具體作用。

而人則基本上是具有不受他人控制的條件的，雖然在第一階段先求成器，卻絕不可永遠停留在只問功能不論目的之物性狀態。這應就是孔子所說「君子不器」的人性自由意志的第二階段了。人在成器之後，不管是瑚璉也好，茶杯也好，都有了較固定的功能，就好比一個人出仕為官，或者有了其他的社會角色工作一樣。但接下來，關鍵的問題是，不論哪一行哪一業，不論所負責任的輕重，影響所及的大小，卻都必然有為善也有為惡的機會。於是孔子認為，這個時候，一個人，尤其是一個君子人，就必須要考慮到有些事應該做或不應該做的問題了。在黑白是非當前的時候，人就不能一味只停留在工具性的階段，而必須要做出人之為人的自由意志正確選擇才對。

說到這裡，也許我們再提出另外兩段《論語》上的文字，那麼「君子不器」的意義或就更明白地可以表達出來。

第一段是：「子曰：『君子之於天下，無適也，無莫也，義之與比。』」（〈里仁第四・十〉）

第二段是：「子曰：『君子易事而難說也；說之不以道，不說也；及其使人也，器之。小人難事而易說也；說之雖不以道，說也；及其使人也，求備焉。』」（〈子路第十三．二十五〉）

這兩段文字正好把我們現在所討論的君子與意志自由以及與器物的關係又再作了更深入的說明。

第一段的意思應是：「孔子說：『一個君子人對於這世界上的事，沒有一定要怎樣處理，也沒有一定不要怎樣處理；關鍵的是只求做得合義理。』」

第二段的意思應是：「孔子說：『一個君子人是容易共事的，卻難以討他喜歡；因為如不以合理的方式來使他喜歡，他是不會喜歡的；而他任用一個人的時候，是純然以那個人是否適合該項工作的條件來做考量的。但一個小人，是難於共事的，卻可以輕易地討他喜歡；因為他缺乏原則又不管合不合理，只要巴結就可以讓他喜歡了；而他在任用一個人的時候，就不論那人的資格能力如何，只要求可完全配合自己就行。』」

這兩段話，綜合起來，也許指的有四項意義：（一）人當然也是器物的一種，但人又與純粹的器具不同，是屬於有自由意志的器。（二）處事能夠把自己的意志依合情合理的方式來做選擇決定的人就是君子。（三）君子因為做事情有一定的原則，不必考慮去配合其特殊要求，所以很好共事；也因此不容易在彼此之間發生某一個人特別喜歡哪一個人的現象；如果說喜歡，那也是一種符合道理的喜歡，那是共同性的。反過來說，小人因為做事缺乏一定的原則，就比較要人去配合他的特殊要求，所以就不易共事；並因此又造成一旦某個人能揣摩、討好他的時候，他就容易產生一種特別喜歡合作的現象了。（四）從共事的選擇性開始，到君子與小人如果在有權任用一個人時也同樣。君子任用一個人因無特別喜歡不喜歡的因素，所以是以合理的方式，來對人做客觀是否適才適所的衡量做決定。而小人則不管合理不合理，是以主觀的立場，光看某人是否能討自己喜歡而定；材資是否符合不管，只要那人能無條件配合聽話最緊要。

孔子崇尚君子。君子必須先是有用之器，但又絕不是任人擺布之器。這個道理，不但是論語，其實在儒家有關的經典裡思想都是一貫的；例如在《禮記》〈學記〉裡，就也有一段更明白地表達了君子在器與不器之間的微妙關係。記的是：「君子曰：『大德不官，大道不器，大信不約，大時不齊。』」這段話的意思應是：「真正的德行自有其原則性與實踐性，是絕非任何職務、階級所可以限定的；真正的道理自有其原則性與實踐性，是絕非任何威權所可予以擺布的；真正的信守自有其原則性與實踐性，是絕非任何文字、語言所可予以規範的；真正的時序運行自有其原則性與實踐性，是絕非任何人力所可以控制的。」原則性應指的是有用的物性，而實踐性則指的是人與德行、道理、信守、天時結合之後所做的意志自由決定。所以一個人若能做到（一）有用及（二）能把自己有用的才具合理地運用在社會上；那就是已符合君子之道的要求了。

意志自由不但給了一個人無窮發揮的餘地，而且還是人類社會之得以永續進步的最主要條件。我們人類歷史迄今所謂最理想的民主政治制度，其實追究起來，應就是一種人與人彼此尊重意志自由而產生的結果。我們就來看看意志自由與民主政治的關係。

我們既知人是意志自由的，但問題又來了，因為每一個人基本上都是一個獨特的個體，世界上沒有任何兩個人的外貌會完全一致，所以也沒有任何兩個人的內心會完全一致。這也就是說，任何個人，他所做的任何意志上的決定，多少都會與其他的人有所差異，甚至形成兩端相反的意見，那這怎麼辦？孔子顯然也注意到這個問題，而且以他一貫以和諧為主，堅持「己所不欲，勿施於人」的原則，他簡明地就以一段話表達了他的態度。

這段話記在《論語》〈為政第二・十六〉：「子曰：『攻乎異端，斯害也已。』」其內容應說的是：「孔子說：『人是意志自由的；每個人的意志、思想都是獨特的，沒有兩個人對一件事物的看法會完全相符。所以一個人必須尊重別人的言論自由，這和一個人也希望別人尊重他的言論自由一樣。如果隨便因有人與自己的意見不合就加以攻擊，那是很不妥當的做法。』」

我們只有佩服孔子的思想如此高明豁達，在當時那樣封閉的社會就已有如此先進的觀念。而且這還不是唯一的證明；類似的說話，在《論語》裡幾乎俯拾皆是。我們且再舉三個例子。（一）楚狂接輿，歌而過孔子，曰：「鳳兮，鳳兮！何德之衰？往者不可諫，來者猶可追。已而，已而！今之從政者殆而！」孔子下，欲與之言。趨而辟之，不得與之言。（〈微子第十八・五〉）（二）子之武城，聞弦歌之聲，夫子莞爾而笑曰：「割雞焉用牛刀？」子游對曰：「昔者，偃也聞諸夫子曰：『君子學道則愛人，小人學道則易使也。』」子曰：「二三子，偃之言是也，前言戲之耳！」（〈陽貨第十七・四〉）（三）子絕四：毋意，毋必，毋固，毋我。（〈子罕第九・四〉）

先看第一例的白話釋文。楚國的狂士接輿與孔子在路上不期而遇，他走過孔子的車前唱起歌來：「鳳凰啊，你孔先生正像一隻鳳凰那樣出眾啊！但你的德行又不如鳳凰那樣的完整潔淨。因為鳳凰有道則現，無道則隱；而你卻不管時勢如何還硬撐下去。過去的事不提，現在你應該好好考慮是否該放手了。算了吧，別再枉費力氣了；當今在政治上有權勢的那些人都是眼光短淺、心機險惡；你別再天真有所期望了。」孔子聽出他歌中的含意，趕忙下車想向他請教談談；他卻一轉身就躲開，孔子終未能與他說上話。這一例的意思首先便表示了孔子對與自己不同的思想言論的包容，甚至尊重。凡是人，都是意志自由的，世上有多少人，就會有多少不同的意志和思想，差異有大有小而已；大家對某一觀點可以討論，卻很難去全盤肯定或否定。孔子也是抱的這種態度，所以聽了接輿先生的話，就想與他再深入談談，大家再溝通溝通；也許孔子又可以再從接輿的想法又多得到些啟發，或是接輿結果竟被孔子說服，從隱士又改變，成了儒家的一分子也不一定；真理愈辯愈明呀！所謂言論自由，近代法國學者伏爾泰（F. M. Voltaire）有一句話說得好，那就是：「我雖完全不同意你的說法，但我誓死維護你說話的權利。」其實保障別人說話的權利，也就等於保障自己說話的權利，這不又正是「己所不欲，勿施於人」的精神嗎？

再看第二例的白話釋文。孔子到他學生言偃擔任地方官的武城作客。言偃帶著他到處參觀遊覽，到了一個普通民眾聚集的地方，居然看到一群人在那裡彈琴唱詩歌。孔子聽著微微一笑說：

「太做作了吧？教育鄉民這等小事，怎麼要動用禮樂這種大陣仗呢？」言偃在旁向孔子解釋說：「報告老師，我這是依照你的教示做的呀。因為你告訴過我：『教育無所謂選擇對象，一個君子人多受好的教育方式內容，他就會更能發揮愛護人的行為德性；而一個普通人多受好的教育方式內容，他起碼也能做到更配合道理規矩的要求呀。』」孔子一聽，自知失言，連忙對言偃及其他陪伴的人鞠躬致歉說：「對不起各位，剛剛我講錯了，言偃所說才是對的，抱歉我開錯玩笑了。」這一例的意思應是代表了孔子對言論自由態度更進一步的深入了解。因為不但兩個人所說的話不可能完全一致，就是同一個人所說的話，也常會有前言不對後語的情形出現。既然前後說法不同，那就至少其中一次有問題了，有問題就坦蕩承認，不強詞奪理硬拗。這就是孔子在言論自由上的寬闊胸懷表現。

所以我們最後看第三例的白話釋文。孔子對尊重言論自由態度的結論應即為：「他不憑空揣測；不絕對肯定；不頑固；以及不先入為主自以為是。」因為如前兩例所示，沒有誰的說話是一定正確的，甚至同一個人前後所說的話都會有出入。了解這個原則之後，孔子要我們不可隨便去攻擊別人和自己不同言論的意思，應就更清楚了。

說到這裡，也許我們還要強調一下，就是「攻乎異端，斯害也已」的「異端」兩字，在孔子的使用原意上應是一個中性名詞，無所謂好壞；純粹指的是不同的看法而已。這在《論語》的另一段話中就可以看得出來。這段話記在〈子罕第九・七〉裡。

子曰：「吾有知乎哉？無知也。有鄙夫問於我，空空如也。我叩其兩端而竭焉。」白話翻譯則為：「孔子說：『我有學問智慧嗎？沒有的。有一個想弄清楚一件事是非對錯的鄉下人來請教我，我也只能不預設立場從頭開始，把這事的正反兩端利弊盡量為他解說而已。』」孔子誠懇負責，自己懂多少就說多少，不隨便下定論。光一個「仁」字或「禮」字，他就不知有多少解釋，視對象程度、背景不同，他就以不同的方式來加以引導，使人逐步加深了解其中的含義。這種與人切磋或是教學的方法，在西方的蘇格拉底也很善於使用。他通常不對一個問題提出直接的答案，而只是會提出很多正反面的可能性讓問的人自己去找尋決定自認為可能是最接近真理的答案。蘇氏還特別稱這種方式為「助產教學法」。那就是說最後結論（胎兒）是你自己的，我不過引導協助你把結論催生出來而已。蘇格拉底常被比喻成西方的孔子，這東西方兩大聖人，確實有很多特點都類似。

所以，偉大的思想家都知道沒有誰的理論是唯一的這回事，包容最重要。可是孔子起先說「異端」；原本只是指一種不同的意見，後來卻不知怎樣變成有些負面的含義，好像異端就是錯的，應就不是孔子的原意了。這種變化在《論語》裡也還有其他的例子，譬如在〈公冶長第五・二十一〉的一段。子曰：「寧武子，邦有道則知；邦無道則愚。其知可及也，其愚不可及也。」孔子感嘆稱讚衛國大夫寧武子說：「寧武子這個人真了不起。他在國家政治清明上軌道的時，就盡量表現才智，出力把國家治理好；但在國家政治混亂無道的時候，他卻又能裝成愚蠢無能的樣，遠離政事，明哲保身。他那種貢獻才智的做法，別人還可以學得到；但那種裝傻免招是非的做法，卻不是別人能趕得上的呀。」在這些文句裡，孔子所提的「愚不可及」一詞，原來是稱讚人「大智若愚」，但不知怎的，到現在似都演變成一種說人「笨到無法想像」的輕蔑同義字了。

於是「攻乎異端，斯害也已」一句話，本來是孔子要我們彼此尊重他人的言論自由之意，後來可能因為適應統治階層的運用，使思想定於一尊，所以變成只有威權所認定的思想才是正當的；而與所謂正當的思想不符合的，自然就屬於不正當了。於是異端就成了負面的一種代名詞，然後再說「你不學習我告訴你的正當的思想，而去學習別的不正當的思想；那是很有害處的。」這種做法，就等於是先定罪，再審判了。

時到現在，我們都已知道民主政治迄今為止應是最先進優良的政治制度，而民主政治不論在字面上、在內涵上指的就是「一個政策的形成，要盡量容納每一位老百姓的意見」而已。所以政治學者大致都同意，要做到盡量容納大家的意見，那麼「言論自由」就應是最基本關鍵的一個條件。因為如人民都因害怕成為異端而不敢說話，那還談什麼要老百姓做主呢？一個國家要實施民主政治，首先就必先要從尊重國內每一個人的言論自由開始，然後才可能有後續的選舉、代議、人民有權、政府有能、民意調查、人民知的權利、新聞傳播自由等，實質的主權在民觀念做法出現。

孔子的思想真的是相當具有超越性，所以他提到「攻乎異端，斯害也已。」這句話的時候與當時的政治形勢是相當扞格不入的。甚至後來漢朝的董仲舒如果真弄清楚了他這句話的意思，說不定也就不會向漢武帝建議「罷黜百家，獨尊儒術」了。孔子僥倖逃過一劫，在稍晚的孟子就沒有那麼好運，他即因說了「民為貴，社稷次之，君為輕。」（《孟子》〈盡心下〉）的一句話，便曾被明太祖朱元璋把他的牌位趕出了文廟一段時間。民主和極權的差異，也就是容忍與不容忍而已。

回過來就事論事，其實只有對自己的話沒有把握的人才會對別人的話無法包容。孔子應是對自己的思想和行為都具有相當信心的，且無論如何，他同時也明白別人的看法也絕非是一無可取的，甚至比自己更完美都不一定；哪有定於一尊的道理呢。思想和知識是人類所獨有的精神食糧，是我們在追尋人生道理時不可須臾離的，而且我們還不能固執偏廢；例如我們現在佩服儒家，或可將儒家思想做為精神主食，卻絕不可因此就拒絕任何其他的食糧，因為這種極端的偏食方式，只會造成一種結果，那就是營養不良了。

# 第五論
# 民可，使由之；不可，使知之
## ——論孔子的政治思想

有關主要《論語》篇章

（一）子適衛，冉有僕。子曰：「庶乎哉！」冉有曰：「既庶矣，又何加焉？」曰：「富之。」曰：「既富矣，又何加焉？」曰：「教之。」（〈子路第十三．九〉）

釋文

孔子到衛國去，冉有替他駕車。孔子說：「衛國人口眾多啊！」冉有說：「人口眾多了，進一步要為人民做什麼呢？」孔子說：「要使他們富足安居樂業啊。」冉有說：「人民已富足了，那進一步又要做什麼呢？」孔子說：「要教化他們啊。」

（二）子曰：「興於詩，立於禮，成於樂。」（〈泰伯第八．八〉）

釋文　孔子說：「老百姓的基礎公民教育，主要靠詩、禮、樂這三個修養項目。一個人的知識基本課業，應由讀詩開始；接著將禮儀作為在社會上立足的基本課業；然後再學習音樂等藝術課業；以將個人的內在知識和外在的禮儀結合，以音樂般優美和諧的方式，表達出一個成熟公民應有的完整情操。」

（三）子曰「民可，使由之；不可，使知之。」（〈泰伯第八・九〉）

釋文　孔子說：「老百姓如已具備詩、禮、樂這三項公民基本能力，就可以讓他們多管理自己的事了；但若老百姓尚未學好時，那就還要繼續教導，使他們能夠真正懂得做一個公民應有的自治條件才好。」

（四）子曰：「好勇疾貧，亂也。人而不仁，疾之已甚，亂也。」（〈泰伯第八・十〉）

釋文　孔子說：「作為公民，還應有安貧和守仁之心。如果一個人很肯做事，卻對清淡生活太敏感；那他使用公民權時就容易出亂子。又如一個人缺乏己所不欲勿施於人的同理心，自私自利到了病態的地步；那他在使用公民權時，也容易出亂子的。」

亞里斯多德說：「人是政治的動物。」

孫中山說：「政治就是管理眾人的事。」

這些話應都表明了凡是人，就免不了政治的干預；也免不了要對政治干預。因為政治代表了所有人民權利與義務的總匯，而事實上沒有任何人會對自己的權利義務缺乏興趣。故所謂政治，先天本就有全民性的因素，屬於國民全體；而其他任何在政治上一時或擁有某種程度權力的「執政者」，都不過是只具不同形式「代理人」的身分。

一個國家的政權，不論怎麼走，不管如何迂迴曲折，最終必須回到人民手裡，這應就是民主政治的真義了。

孔子應也是民主政治的認同者。在當時仍屬封建專制的社會形態之下，就已經對民權意識有相當的了解，而且還提出了一套如何由封建專制而可以轉型為民主社會的和諧漸進式辦法。

我們現在來看孔子怎麼說。

儒家的核心思想就是一個「仁」字。這個「仁」字用在政府與人民的關係上，就是一種「仁政」和「德治」的觀念。

「仁」代表了最和諧的人際關係表現。「仁」政就是施行一種最和諧的政府與人民關係的制度；而德治則是如何使仁政成為一種經常性而可長可久的方法步驟。

孔子認為仁政是任何一個當政者都必須做的，而不限於一時一地，應要做到透徹才好；亦即隨著仁政而來的條件就是「德治」。在《論語》〈為政第二・一〉記下了這段話：「子曰：『為政以德，譬如北辰，居其所，而眾星共之。』」孔子首先就藉這段話表明了「執政的人，在推行政務時，應以促進品德教化來配合，而且要由自身切實做起。好像北極星一樣，自己奠定了榜樣，大家跟著做，就可以不脫軌道而長治久安」的意思。

那仁政和德治如何互相搭配著來做呢？於此《論語》在〈子路第十三・九〉又記下了另一段對話：「子適衛，冉有僕。子曰：『庶矣哉！』冉有曰：『既庶矣，又何加焉？』曰：『富之。』曰：『既富矣，又何加焉？』曰：『教之。』」這段對話的白話意思即為：「孔子到衛國去，冉有替他駕車。孔子說：『衛國人口眾多啊！』冉有說：『國家人口眾多了，政府進一步要為老百姓做些什麼呢？』孔子說：『要使他們富足不愁衣食啊。』冉有說：『老百姓已富足了，那進一步又要做些什麼呢？』孔子說：『要教化他們充實自己成為合格的公民啊。』」

仁政是當然要做的，不過仁政還是具有人治的因素，當政者隨時可以說變就變，甚至於把暴政硬說是仁政，你也拿他沒辦法。於是孔子就認為仁政推至最後，要求的是執政者要憑道德良心，帶領教育百姓民主自治的能力，亦即最後應把政權還給人民，使人民終能自己管理自己；如此仁政才得成為不變的常規，而不論誰來當政都可遠可久了。

可是孔子又意識到以德治來達成終極仁政，雖是一種合理的途徑，卻又絕不是一蹴可幾的方便辦法。因為民主雖使人嚮往，但所謂民主政治，其實說穿了就是一種以私人利益為基礎的社會關係。這樣要使每一個人都站在自己的立場，而又都共同參予來管理眾人之事，卻是一件天下無比浩大的社會工程；有心要完成民主政治者，就必須按部就班有層次有時程地來完成建設。於是孔子就在《論語》〈泰伯第八．八、九及十〉提出了三段連續層次的德治參考藍圖計畫。

我們先看〈泰伯第八．八〉。子曰：「興於詩，立於禮，成於樂。」

這一段的意思應是孔子首先提出德治的科目課程表了。科目是什麼呢？孔子認為那最適合一個公民的基礎教育，就是詩文知識、禮儀行為和音樂藝術這三門功課。第一門功課是要讓他們讀詩文。為什麼要從讀詩文開始呢？孔子另在〈陽貨第十七．九〉有一段較清楚的說明：「小子！何莫學夫詩？詩，可以興，可以觀，可以羣，可以怨。邇之事父；遠之事君；多識於鳥、獸、草、木之名。」孔子說的是：「年輕的學生啊！為什麼不學詩歌呢？沒有比學習詩歌更妥當的入門知識了。學習詩文，可以激發人的心志；可以觀察各種社會現象；可以做為與人交往時的談話資料；可以在受委屈時抒發感情。可以從中學會在家如何侍奉父母，出外如何追隨長官；而且還因之多認識了自然環境中各種動植物的名稱。」詩歌一方面押韻，一方面又內容淺白而豐富，出聲朗誦易於記憶。古人讀的《詩經》、《三字經》、《百家姓》、《千字文》、《唐詩》等，不都是這樣開始？而我們現代人就一直沿用至今從進小學到大學求學，都稱到學校「讀書」而沒有說到學校「看書」的。更進一步言，不但我國如此，連目前在世界語系上最強勢的英文也是同樣使用一個「讀（read）」字，來代表從書本上學習知識，這真是中西文化發展上一點很大的共同特色。又事實上，我們迄今求學啟蒙仍從「來來來，來上學；去去去，去讀書」或是「新年到，新年到；穿新衣，戴新帽」唸起，然後陸續把知識累積上來的道理，也就很清楚了。

在學習詩文已有相當基礎之後，孔子認為學生的第二門功課就是要學習禮儀這回事了。禮儀就是在社會上應明白的應對進退規矩。儒家重視禮，在很多時候，儒家幾乎是把「禮」與「仁」看成同一回事；禮在某種程度上，或可以說就是仁的一種具體表現形式。這在《論語》〈顏淵第十二．一〉所記孔子與顏淵的對話裡可以看得出來。

顏淵問仁，子曰：「克己復禮為仁。一日克己復禮，天下歸仁焉。為仁由己，而由人乎哉？」顏淵曰：「請問其目？」子曰：「非禮勿視，非禮勿聽，非禮勿言，非禮勿動。」顏淵曰：「回雖不敏，請事斯語矣！」這段話說的應是：「顏淵問怎樣做才算是實行仁道，孔子說：『克制自己的欲望使自己的行為都合於禮的要求就是實行仁道。如果有一天真能做到這樣，那麼在社會上不論何時何地，說的話做的事都不會違反仁道了。這行仁的決心，要靠自己來努力才可做到，別人是幫不上忙的。』顏淵又問：『那麼實行仁道有無可資遵循的基本守則呢？』孔子說：『不合禮的事不要去看，不合禮的話不要去聽，不合禮的話不要去說，不合禮的事不要去做就對了。』顏淵說：『謝謝老師。我顏回雖然不很聰明，但已明白；從此就照著老師的話盡力去做了。』」由這段對話看來，孔子確應是把禮和仁已相提並論了。因為第一：他認為只要一個人有分寸，凡事只要做到合乎禮的要求，那就已是一種不折不扣的仁道。而第二：孔子在這裡說的「非禮勿視，非禮勿聽，非禮勿言，非禮勿動」，其實也正是一種「己所不欲，勿施於人」的恕道表現。窺探別人的隱私，愛聽別人的八卦，說話粗魯，以及破壞環境、傷害別人或侵占財物等；你不想別人這樣對你的，那就不要這樣非禮對人就是了。學生的學習要成為一位公民及可用之材，準備在社會上成家立業並執行公民的權利與義務，詩文及禮儀的學習都一定要達到某種程度水準才好，否則如連公民最基本的投票選舉意義和程序都不能弄清楚，也無法參加一般的公民集會，辨別是非對錯；那麼還談什麼參預監督國家政治的推動進行呢？孔子另外也說過「不學詩，無以言！」以及「不學禮，無以立！」兩句話（〈季氏第十六‧十三〉），應也是同樣的意思。

等到詩、禮的功課告一段落之後，孔子認為公民的基礎教育就應該以音樂藝術這第三門課程來最後養成一個公民的完整人格。孔子為何會做這種課程的系統安排呢？其中的理由也許有兩項，其一是所謂音樂這種藝術最能表現出一種「和諧」的極致，除了符合儒家「仁道」的核心價值之外，另外還添加上一種美好愉快的意義。這就怪不得《論語》〈述而第七‧十三〉記下了

「子在齊聞韶，三月不知肉味」一段，指出孔子在齊國聽到優美的韶樂，竟可連聽三個月，陶醉得常常連剛剛晚餐吃的是豬肉或羊肉都忘記。然後其二是樂的和諧還有可以貫通內外使趨一致的功能。一個人學了詩可說是符合內在的知識求真修養，學了禮是符合外在的行為求善修養，然後再以樂的調和原則，使內外融通一貫，把自己的內在知識，在外在待人接物的社會行為上，用音樂般求美的藝術方式優雅地表現出來，那不即是成就了一個所謂文質彬彬，真善美條件皆具的君子形象了嗎？更進而言之，儒家重視樂，認為音樂的起始，本就是由人心而生，有怎樣的人就有怎樣的聲音，甚至還由個人而推至國家也是一樣。所以《禮記》的〈樂記〉篇裡有一段就說：「治世之音安以樂，其政和；亂世之音怨以怒，其政乖；亡國之音哀以思，其民困。聲音之道，與政通矣。」這段話的意思應是：「國家太平時的音樂充滿了安適快樂，表達出政務的平和；國家混亂時的音樂充滿了怨恨憤怒，表達出政務的倒行逆施；國家已亡或將亡時的音樂充滿了悲傷無奈，表達出人民的絕望。聲音樂理的象徵，是可以反映出政治之實質內容的。」由此，孔子之所以把詩、禮、樂這三門課程，作為一個公民參政的必修課程的理由，也就更清楚了。

在討論過〈泰伯第八・八〉後，我們接著再看接下來的〈泰伯第八・九〉。子曰：「民可，使由之；不可，使知之。」那就是孔子說：「老百姓如已具備了詩、禮、樂這三項公民應有的知識與品德的基本修養，那麼就已合於公民的資格標準了；這時，當政者就應該讓他們多參預國家的政治決策，自己管理自己的事。但另一方面，如果老百姓還未能學好詩、禮、樂這三項基本能力時，卻也不可貿然放棄，而要繼續引導教化，使他們能夠真正懂得公民應該自治並應有自治的條件才好。」

孔子認為公民的基礎教育在於詩、禮、樂這三門課程。那在這三門課程已告一段落，人民應稱已具有基本可以參與治理國家的能力了，這段話即是孔子明白地表示出他終極以民主作為國家政治理想的看法。儒家的思想從「仁」出發，「仁」就是愛護人，用在政治上就是仁政，而仁政要求久遠就必須使用德治的方法；因為德治可以教化人民使從被愛進而愛己亦愛他人，並因此成為一個可以自立及可以負起一份屬於自己的社會責任的民主國家公民了。

儒家的這種循序漸進的穩健作法卻還不止於此。所以我們可能還要繼續又看再接下來的〈泰伯第八．十〉。子曰：「好勇疾貧，亂也。人而不仁，疾之已甚，亂也。」

先談這段文字的白話解釋。孔子說：「民主是我們追求的目標不錯，可是我們又應明白這個世界上可能難有絕對完美的政治制度；民主政治亦然。例如在公民中如有人很肯做事，但卻不能忍受清淡的生活；那麼他在使用公民權時就容易出毛病。又如果在公民中有人缺乏己所不欲勿施於人的良心，自私到了病態的地步；那麼他在使用公民權時也容易出毛病的。」

孔子希望人人都成為君子是一種理想，但又知道要真正做到完全沒有小人的存在卻事實上是難以達致的。儒家認為人性先天本善，但社會百態，誘惑太多，故事實上又無法根絕惡的存在；所以後天的環境影響很容易使人染上惡習。在此觀點之下，孔子在《論語》〈陽貨第十七．二〉有一段話：「性相近也，習相遠也。」以及〈雍也第六．十七〉裡有一段話：「人之生也直，罔之生也幸而免。」孟子在其《孟子》〈告子上〉也有一段話說：「仁、義、禮、智，非由外鑠我也，我固有之也，弗思耳矣。故曰：求則得之，舍則失之。」孔子的第一段話應是說：「人的先天本性原來是相近的；後來因為學習環境有所不同，卻會形成後天個性的差異。」第二段話應是說：「人生本性是正直的，而後來受環境影響卻容易染上惡習；但常又還能混下去，那是因為僥倖的緣故。」孟子的話亦應是說：「仁、義、禮、智這些德性，不是外人所可以給予我的，而是我本性中原就具有的，只是我沒有好好去探索其根源而已。所以說：自己認真去探索加以發揮，就可以牢靠掌握；如自己先放鬆不去體認實行，那就會喪失掉這些美德了。」

孔子與孟子應都對人性表示樂觀，但又知道人性又必須隨時受到環境的考驗。現在我們討論政治，而政治就是再大不過的一個複雜環境，到處都充滿壓力的逼迫和利益的誘惑；那我們追求民主，任何一個政治上的決定，都會牽涉到每個人不同的立場考量。國家公民受了詩、禮、樂的教化，理論上大家應可以心平氣和，都以共同利益的原則來決定國家的政策和人事更迭，大家雖有意見上的差距，卻總不會太過離譜。但是孔子卻又注意到或還有兩種人特別難纏，很可能會造成民主政治的障礙和亂象。其一就是「好勇疾貧」，其二就是人而不仁而又具有基本公民權甚至更大權力的人了。前者可能在投票選舉時，很容易就因為幾塊錢便把自己的一票賣掉，甚至還到處去幫某候選人買票都不一定，然後就因此而會選出些名實不相符的罔而生者來執政。後者則不管遇到討論什麼公共政策，都一定以自己的利益為先，拔一毛而利天下都絕不願意，一味只會推動些有利於己的法案，然後又刻意去阻撓有利於大眾的法案通過；或是以非理性的方式來妨礙公共建設進行等。這些可能由民主而造成的亂象，應就是孔子所憂心的地方。

那怎麼辦？

在這個問題上，孔子或只能有三種思考方向，其一是缺點既然存在，自己也不可能在有生之年解決這個問題，那就放棄他的全民政治方向，不要管那麼多，讓一個國家自己走一步算一步，最後走向民主或專制就看人民的運氣。其二是仍然堅持一步不讓，呼籲人民革命，把一切阻礙民權的獨裁君主及自私百姓通通清除乾淨，然後徹底實行民主共和政制。其三是民主目標不變，但看看是否可以另找出一個可以防止民主政治未能周全的辦法。

## 孔子可能會做怎麼樣的選擇？

上面所舉的三種思考方向，第一種「放棄民主理想」的做法，恐怕不合孔子「知其不可而為之」的哲學原則；而第二種「強力推動民主」的作法恐怕也違背孔子雖然要求改革，卻又同時以仁為本，不想破壞和諧的處事態度。那麼，剩下的選項可能就只有第三種：另外找出一個可以防止民主政治不夠周全的辦法來了。這個辦法，是孔子在政治上或可說是一種可以暫時妥協的權宜措施；我們可以《論語》〈為政第二．三〉的一段來做說明。子曰：「道之以政，齊之以刑，民免而無恥。道之以德，齊之以禮，有恥且格。」這段話的意思應是：「孔子說：『用政令來領導人民，用刑罰來約束人民；是可以收到一時的效果，人民會被動因避免受處分而不去做某事，卻還是不能了解為何不能做某事的道理。而以仁政德治來領導人民，用禮儀教化來約束人民，那才可以真正達到使人民了解合理處事的基本原則，而自然遇到任何事都有衡量的標準，就自然不會去做不該做的事，而使能辨別是非的能力成為自己人格的一部分了。』」

孔子的這段話，在實施民主政治的意義上或還可再做兩點補充說明。其一是孔子堅持全面主權在民、人民自立自治是一定要做的。其二，孔子也明白世上本難有絕對完善政治制度之可能，故在全面主權在民的原則之下，適當的對人民的約束要求卻還是需要的。最好的約束是德治禮儀教化，但在禮儀教化尚有未逮的時候，以政令法治約束卻也是可以做為權宜措施的。這個原則，或許就是我們今日在實施民主政治的要求之下，却同時仍訂有創制複決、選舉罷免、集會遊行、出版傳播等與民權有關的處理法規的同樣道理。可是進一步來說，適當的法律規定，在某種程度上有所必要；如果愈搞愈多，則又可能就是一種證明這些法規的品質低劣和人民一味傾向鑽營取巧的現象了。

說到這裡，我們或可為孔子的政治思想做一個結論了。孔子期盼的是怎樣的一個理想世界呢？這或就以在《禮記》的〈禮運〉篇裡引述他的一段話表達得最清楚：「大道之行也，天下為公。選賢與能，講信修睦；故人不獨親其親，不獨子其子；使老有所終，壯有所用，幼有所長；鰥寡孤獨廢疾者皆有所養。男有分，女有歸。貨，惡其棄於地也，不必藏於己；力，惡其不出於身也，不必為己。是故謀閉而不興，盜竊亂賊而不作；故外戶而不閉，是謂大同。」這段話的意思應是說：「理想政治的實現，必須做到主權在民。由老百姓選出有德行和有能力的人來為民服務。政府與人民之間真誠相待，說話算話，彼此互相督促而又和睦相處。所以風氣所及，大家就不會執著只愛護自己的親人和子女。這樣推廣仁愛的結果，就可以使得社會上所有的老年人都能得到瞻養，使壯年人都能順利就業，使幼年人都能受良好教育。而因失婚未成家者、幼而無父母可依者、老而無親人可靠者、身障或疾病纏身者都可以得到適當的安置，使生活無虞。男人能為社會盡心力，女人能有好的歸宿，把家庭帶領照顧好。大家都能多為別人著想，對財物使用只擔心有無浪費，卻不太去計較誰多誰少；對工作只問有無做好，卻不太去計較自己能從中得到多少好處。這樣下來，社會上就不會有人一天到晚去弄些陰謀詭計；而偷拐搶騙等破壞社會的惡事也就沒人會去做。百姓安居樂業，大家都不會非份去侵犯別人。那麼每個家庭的大門就是晚上不關緊上鎖，也不至於會發生什麼有人擅自侵入等不良事端；這就是達到一種全世界都能和平安樂的境界了。」

由這一段文字內容，我們或可歸納出孔子的政治理想應有兩大重點。第一重點是大同社會的特色就是主權在民。「主權在民」亦即是一種「民有」、「民治」、「民享」的民主政治制度。「天下為公」就是民有；執政者由人民選出就是「民治」（孔子雖然在某種程度上擁護以君主作為領導中心，但君主卻仍要由民意的認同與否來決定其去留，這就有點像現在的所謂君主立憲制了）；政治決策都以人民福祉為依歸就是「民享」。第二重點是政府與人民之間，推而廣之人民與人民之間的互動都應以合乎「仁愛」的道德原則來進行。政府施政先要明白自己是在做愛護人民、服務人民、安定社會的工作；人民也要憑良心選擇支持有為有守的執政者出來做事；人民與人民之間更要彼此將心比心，推己及人，多為與自己共同生活在這個社會上的他人著想，那麼這個世界應就可以安定得多了。

# 第六論
# 父為子隱，子為父隱
## ——論孔子的法律思想

有關主要《論語》篇章

（一）葉公語孔子曰：「吾黨有直躬者，其父攘羊，而子證之。」孔子曰：「吾黨之直者異於是。父為子隱，子為父隱，直在其中矣。」（〈子路第十三・十八〉）

釋文

葉公告訴孔子說：「我們鄉里有個很耿直的人，他的父親偷了別人的羊，做兒子的就站出來指證這件事。」孔子說：「我們鄉里的耿直人士做法卻不一樣，反而認為父親不會隨便向外人講兒子的過錯，兒子不會隨便向外人講父親的過錯。這才較符合耿直的道理。」

（二）季康子問政於孔子曰：「如殺無道，以就有道，何如？」孔子對曰：「子為政，焉用殺？子欲善而民善矣！君子之德風，小人之德草；草上之風，必偃。」（〈顏淵第十二・十九〉）

釋文

魯國大夫季康子向孔子請教如何使政治上軌道說：「如殺掉壞人來保護好人，怎麼樣？」孔子回答說：「你現在已是一個主政的人，政權在手，哪還需要用殺戮的方法來辦事呢？只要你有心為善，大家就都會跟著做好了。領導人的德行好比是風，老百姓的德行好比是草；風在草上吹，草就會跟著風高低轉動啊。」

法律可能是除了金錢之外，最有威力的一種工具了。法律可以定人生死，可以移山倒海，可以使一個國家興盛或滅亡；這些都常發生在立法者及執法者的一念之間。法律最重視公平，卻絕不能只僵硬地站在法律本身規定的形式上來說話。如果法律一味只問功利，只求嚴苛，那麼它的流弊可能就會大過所能產生的效益。例如戰國時期的秦國靠了商鞅和韓非兩大法家制定了很多嚴刑峻法來富國強兵終而統一天下；但政權卻沒能維持多久。而更諷刺的是商鞅及韓非兩人最後都是不得善終，死於酷刑。尤其商鞅所定的百姓連坐、旅店嚴查身分的辦法，弄得最後他逃亡時竟沒有人敢收留他，就成了後代「作法自斃」一句成語的典故；也真是他自己始料所未及的事。

孔子早就了解到這些類似的問題。所以他雖不否認「法」的他律作用有其維持人際秩序的一定功效，卻又更覺得如果要求一個國家社會的長治久安，主要的恐仍需依賴國家的領導人以及全體國民同時重視「情」與「理」之道德教化的自律作用，才能達到真正和諧與安樂的境界。

我們在上一論中，已引述過孔子在《論語》中批評只講法而不問情理的政治結果為：「道之以政，齊之以刑，民免而無恥。道之以德，齊之以禮，有恥且格。」其意即是：「一個國家用政令、刑罰來約束人民，那只能收到一時的效果；人民表面上守法，卻不了解守法的道理。而以道德修養、禮儀教化來約束人民，那才可以使人民真正懂得什麼事該做不該做的道理；就只會做對的事情，行為自然正當了。」在這裡的「德」字，應是泛指一般正確行為的根據，而「禮」字，則重在講人倫關係的規矩；亦即是較強調「理」與「情」的意思。

現在進一步再來看孔子如何調和法、理、情這回事。首先我們看《論語》〈子路第十三・十八〉這段文字：「葉公語孔子曰：『吾黨有直躬者，其父攘羊，而子證之。』孔子曰：『吾黨之直者異於是。父為子隱，子為父隱，直在其中矣。』」這段對話說的應是：「有一位姓葉的官員告訴孔子說：『我們鄉里有個很耿直的人，他的父親偷了別人的羊，做兒子的就站出來指證這件事。』孔子說：『我們鄉里的耿直人士觀點不同，反而認為做父親的不會隨便向外人說兒子的過錯，做兒子的也不會隨便向外人說父親的過錯。這才是一種真正耿直的道理。』」

這段葉公與孔子的對話，或就是一個很好的法理情比重爭論的例子。葉公重法，孔子則較全面重法、重情與重理，我們試作分析如下。

我們先論「法」。葉公的立場當然很單純，那便是「有偷羊就有罪，沒偷羊就沒罪」。葉公想的大概是一翻兩瞪眼的事，除非那人沒偷羊，只要他是偷了羊，任何曉得的人都應該出來作證；即或父子之間都不例外。但辦案真的那麼單純嗎？事實上絕不盡然。在春秋期間法律對證人的要求如何，我們不太了解，孔子卻必然已考慮到這已牽涉到有關基本親情與人權等問題，所以他立刻對葉公的話表示了不同的觀點，認為以這樣的例子來要求證人反而是不妥當的。孔子這種相反的意見，在我們今日的觀念，已經成了法律上很基本的原則；現代很多國家的刑事訴訟法中，都已明確有了在某種親等以內之血親、姻親得拒絕證言之規定。又例如天主教的神父，在接受了教友的告解之後，不論他訴說曾經犯了何等罪行，神父都不可以對任何第三者傳述，做法也相類似；這也才符合了「神父」這種稱謂的意義與擔當。而更進一步來說，其實辦案，當然應是執法者的職責，執法者要努力來偵查事實、辨別是非才對，不能只靠口供（口供也有很多人偽證啊）。現代的法律不單對所謂「證人」定了很複雜的限制，甚至於對所謂「被告」也有所謂「緘默權」等規定，可以不自證其罪，這暫先不在我們討論範圍之內。

其次就「情」而言。儒家重仁，在《中庸》〈第二十章〉就記了孔子說：「仁者，人也；親親為大」的一句話，表明仁就是人之為人的本性；而一個人的發揚仁愛之心，就是要從愛護自己的親人做起。又有子在《論語》〈學而第一．二〉也說了「孝弟也者，其為人之本與？」一句話，同樣表示了人要行仁，最基本的就是先要孝順自己的父母，友愛自己的兄弟姊妹。親情乃是一切感情之至，我們怎可以不予重視？親人共同生活，關係非常細膩複雜；例如家人彼此可以在某種情況下為對方犧牲生命，也可以因為擠牙膏的方式不同就吵得天翻地覆；卻絕少有人把家中發生的各種好事壞事（尤其壞事）到處對外去宣揚的，這是一般人正常的行為。反過來，如果一個人竟慣於去講家人的八卦，雖然他說的都是事實，卻似是不合常理，使人奇怪了。又我們都知道家庭乃是社會組成的基石，如果一個家庭中經常存有太多的矛盾與猜疑的問題，家人之間的倫理關係當然就隨之容易崩壞；而更在互不包容又有人喜歡到處對外放話時，那就有可能會由一個家庭的是非，進而形成了社會不安定的因素。

說過「法」與「情」的考量之後，我們最後討論「理」的立場。所謂理，簡單說就是一種適當的依據。適當就是合理，不適當就是不合理。但是什麼叫做適當呢？孔子對此又頗有他獨到的看法。這種看法或可以《論語》〈陽貨第十七．二十一〉，孔子與他的學生宰我對人倫適當掌握的一段討論內容來做代表說明。我們暫不引述全部文字，只談其中要點。在這一章裡，孔子與宰我對父母守喪以一年或三年較為合理有了不同的意見。孔子認為應是三年，因為做兒女的出生之後，至少要經過三年才較能離開父母的懷抱，所以為父母守喪三年應是合理的回報。宰我則認為應是一年，因為世間春夏秋冬自然循環乃以一年為準；而且守喪三年，一個人與社會脫離太久，可能會影響到他其後再進入社會時的人際適應問題。兩人爭執不下，於是孔子便問宰我說，如此只守喪一年，你是否可以覺得心安？宰我回答說，我會心安的；於是孔子就做了結論說：「汝安，則為之」。守喪一年或三年，甚至六年（子貢即為孔子守喪六年），可能皆無不可，都已合理。到底怎麼做才是最合理，孔子最後也明白難有一致的標準，每個人的做法也多少會有不同，而最適當衡量是否已做到對人對己都可交代得過去的要求，也就只有自問做了之後，自己是否感覺無愧而安心了。「心安」然後「理得」本身就是一種原則與彈性兼顧的道理！

原則應與彈性兼顧。說到這裡，如何在法理情的衝突之間取得平衡也就清楚了。有了心安這個標準，不但守喪一年或三年的問題可以解決，就是有些看似存有巨大矛盾的事，到了最後有時竟都成了可以用共同適當道理來解釋的行為。我們再回過頭來看「親親相隱」這件事；孔子原則上認為父母子女之間應相包容沒錯，可是徹底地包庇到底，恐怕又不是孔子之可以苟同的一件事；我們在此或可舉《左傳》〈隱公四年〉裡所記的一個歷史故事以為比較。這個故事記述的是在魯隱公四年時，衛國的州吁殺了衛桓公而自立為王，但是民心不服。州吁因政令推不動，便要他的好朋友石厚去問他曾做過衛國大夫，已退休還鄉的老父石碏請教如何穩定政權。石碏一方面教他可以假藉陳桓公的關係向周天子請求覲見，便可正式取得衛君的地位；另一方面卻派人先到陳國要陳桓公趁機處置州吁和石厚這兩個弒君叛逆。後來陳桓公果然依照石碏的意思，在州吁與石厚到來時把他們抓了起來。結果衛國和石碏就分別再派人到陳國把州吁和石厚殺掉。

我們之所以提到這個故事，或還有三點要做補充說明。第一點是故事裡石碏設計殺了州吁和自己的兒子石厚，就是後來我們有了「大義滅親」這個成語的起源。第二點是「大義滅親」的做法和前面孔子所提的「親親相隱」正好是兩個相反而應作比較的行為。第三點是左傳的作者左丘明是孔子十分欣賞的一位魯國史學家（亦有說他曾就學於孔子，也是儒家人物）。在《論語》〈公冶長第五・二十五〉裡，孔子就曾毫無保留地讚美左丘明說：「巧言、令色、足恭，左丘明恥之，丘亦恥之。匿怨而友其人，左丘明恥之，丘亦恥之。」認為左丘明和他一樣都不喜歡花言巧語，裝著取悅人的臉色，對人過份恭敬；以及心裡藏著怨恨，外表卻熱絡示好的偽君子。如此看來，左丘明所特意表揚大義滅親的行為，孔子應也不會有所反對。因為左丘明和孔子的人格特質應是相當類似，而在石碏大義滅親殺了他的兒子石厚的例子裡，牽涉的可能也就只是一個心安和心不安的問題。殺了自己的兒子當然心痛，可是比起或一輩子心不安來說，那也許就只好選擇長痛不如短痛了。

但孔子對法律的意見卻還未結束。我們在此看來應已解決了不少法律實施上的疑問了，而他卻又更進一步對法律提出了更深切的終極期待。我們接著要引用《論語》〈顏淵第十二・十三〉及〈顏淵第十二・十九〉兩段文字來做說明。

先看〈顏淵第十二・十三〉：「子曰：『聽訟，吾猶人也。必也使無訟乎！』」這段文字的意思應是：「孔子說：『審理訴訟判別是非的能力，我是和一般人差不多的；但我與別人又稍有不同之處，是我還希望從政治和教育上著手努力推動教化民眾，使他們不隨便興訟才好。』」旨哉孔子，真是個入世的有心人，凡事都要盡力做到徹底。他提出了「心安」來做法情理的最終衡量，雖然暫時或可對特定的人或事有了參考的價值，卻又非是最圓滿的解決方法；因為新的法情理的爭執仍會不斷的出現。以後如果每個人都來問他求指點各種不同的問題，不要說是一件不勝其煩的事，而且也終必有弄錯狀況使人不滿意的時候。孔子想來想去，就最終說了一句：「如果大家都不喜歡興訟才好」的話。這怎麼來做呢？

我們就接著再看〈顏淵第十二・十九〉裡孔子的話了：「季康子問政於孔子曰：『如殺無道，以就有道，何如？』孔子對曰：『子為政，焉用殺？子欲善，而民善矣！君子之德風，小人之德草；草上之風必偃。』」釋文為：「季康子向孔子請教為政之道說：『如殺掉壞人來維護好人，你認為怎麼樣？』孔子回答說：『你已是一個主政的人了，為何還要用殺戮的方法來辦事呢？有權在手的領導人，他的德行好比是風，老百姓的德行好比是草；風一吹，草就一定會跟著風向轉動的。』」這位魯國的權臣季康子，可能也和孔子一樣想要找出一個可以整頓社會風氣使百姓之間再也沒有觸法紛爭之事，然後社會得以全盤安定。他想出來的辦法很簡單直接，就是「把壞人殺光，好人就有保障，社會就可以安定了」。他把這個想法告訴孔子，可能希望孔子能背書支持他這個辦法，說不定還稱讚他有魄力有擔當都不一定。卻不料孔子當場潑了一盆冷水說：「你已經是有權在手的人了，怎麼還用這種粗糙的殺戮方式來施政呢？」孔子話中應指的是：（一）只有爭權的時候才有些人會用到殺戮的行為，及（二）你季康子現在已是掌管魯國國政的權臣了，大家要聽你的指揮命令都來不及，你還要殺人幹什麼呢？孔子的意思或和所謂「天下可以馬上得之，卻不可以馬上治之」的道理一樣，殺伐有時可能是不得已的手段，但要求得一個國家的長治久安，只靠殺戮卻是絕不會成事的。然後孔子又還補充了一段話，告訴季康子說：「政權在手的人，應該用的是他的道德影響力而不是暴力了。暴力是剛性的，有時反可能導致兩敗俱傷、全盤皆輸。而道德影響力是柔性的，一個領導人使用他仁政、愛民、修德的影響力以身作則來教化廣大民眾，這就好像春風在草原上拂過一樣，每一根草都會跟著轉向，形成良好的社會『風氣』；大家都自然就向善而不會隨便做些野蠻犯法的事，就可能連刑罰都用不上了。」至於為什麼善良風氣形成之後，老百姓就會少打官司，在《大學》〈傳之四章〉裡有一段補充說明，相當傳神，我們似也應再提一下，或就更可了解孔子期盼以道德教化來達到大家自動守法不濫訴的道理。這段文字記的是：「子曰：『聽訟，吾猶人也。必也使無訟乎！』無情者不得盡其辭，大畏民志；此謂知本。」白話釋文是：「孔子說：『審理訴訟判別是非的能力，我是和一般人差不多的；但我希望的是能做到大家不隨便興訟最好。』基本方法是要從政治和教育上著手努力推動教化民眾，使形成善良風氣。到了那時候，因為大家都有高道德水準的要求，造成普遍的社會壓力，使人在公堂上都不敢隨便瞎編些不近情理的假話。大家憑良心，是非清楚，就再沒有什麼可爭；這就是真正了解到做人本分的道理了。」《大學》這一章的內容，前半段是呼應前述《論語》〈顏淵第十二．十三〉所記同樣的話；而後半段則是進一步具體地解釋為何教化可以減少爭訟的道理了。

法律、刑罰都是不得已之事，而推至季康子所考慮的殺戮類的極刑更是險惡之事，能不用就不用；一定要用時就必須是不得已的情境。這一點，連集法家大成的韓非子也很重視儒家的觀念（韓非子與儒家亦有淵源，此處暫時不論）。在《韓非子》〈外儲說左下〉中，就有一段有關的記載，我們在這裡簡述如下：「孔子周遊列國時在衛國停留一段時間，他有一個叫子皋的學生在衛國當法官，曾在某案件中審判砍掉一個叫刖危的人的兩足。刖危後來做了看守城門的工作。過了一陣，因為有人在衛國國君面前說孔子的壞話，中傷孔子說他要謀反；於是孔子不見容於衛君，他的學生也分別逃走。子皋當然也棄官而逃，到城門時卻因城門已關逃不出去，那個受過刑的刖危卻領著他先躲到城門旁的一個密室中避過追兵。到了半夜，子皋問刖危說：『我曾因不能破壞君主的法令而親自砍掉你的腳，現在正是你報仇的機會來了，你怎麼還肯幫我逃亡呢？』刖危回答他說：『我的腳被砍，是我罪有應得，是無可奈何的事。在審我的案子時，你翻遍法令，又十分詳盡地問清楚我犯案的細節，我注意到你當時是要盡可能為我找出些對我有利的理由。到後來我的案子雖然還是以砍腳定讞，我又看到你在宣判的時候，臉上充滿了悲憫不忍的神色。我完全了解到你這個人真是一個宅心仁厚的好法官，我對你這樣的一個人，當然也應該表示我的感謝與報答的。』」

德治好過法治，所以執法應以教化為主，刑罰為輔。因為儒家認為法治刑罰可能太偏重法令，一時可以立竿見影的規範效果，反而容易造成社會太功利和僵化的意識形態，那就絕不如德治教化之可以領導人心向善，得到法令全面適合法情理的彈性結果。例如德治做好了，不但在法的立場上，更可以養成執法人員不濫判、訴訟當事人不濫言的原則。在情的立場上，也更可以養成親屬以至人與人之間互相包容，不為些須爭執而動輒告官。至於理的立場，所謂是非曲直，在心安的原則上來講，可能最重要還是一種謙讓的觀念。最後在這裡我們或可引用一個流傳甚廣的小故事來做說明。其內容是：「清代儒家人物，曾任康熙朝大學士兼禮部尚書的張英（編撰有《聰訓齋語》、《孝經衍義》等書）。他在安徽桐城的家人因整修房屋與鄰居為地界不清發生了一些糾紛，家人就送信給北京的張英要他想辦法對付鄰人，爭取自己較有利的圍牆面積。張英接信後就回了一首詩說：『千里修書只為牆，讓他三尺又何妨？長城萬里今猶在，不見當年秦始皇。』家人接到回信後了解張英的意思，便不再爭執此事，告訴鄰人說願意把地界退讓三尺。後來鄰人知道了張英寫詩讓地這件事，也接著向張家人說他們也願意退後讓出三尺地來，於是在兩家圍牆之間就開出了一條六尺寬的行人走道，後來在桐城就成了一條有名的『六尺巷』迄今。」這也或可以說就是一種謙讓做法的極致了。

站在法律的觀點上來說，我們提的這個「六尺巷」的例子，與前面所舉的「攘羊親親相隱」、「為父母守喪期長短」、「石碏大義滅親」、「季康子欲用極刑」、「刖危受刑報德」等事例比起來，分量頗有差距；「六尺巷」可以說是屬於雞毛蒜皮的事。但我們之所以把它放在最後來討論的意義或有二。其一是前面的幾個例子確實太沈重，雖有可借鑑處，卻是我們一般人所很少能遇到的狀況，甚至於一輩子都沒有發生的可能性；這個六尺巷爭執的類似內容，卻是一種你我都很有機會涉入的生活現實事件；對我們來說，參考的價值就反而更大。其二是這個六尺巷故事所著重的「謙讓」，其實不只是把我們所謂「理」的條件，以和諧的方式，優雅地予以調解而彼此都得以安心；而同時在「法」的條件上，也就因不以權勢來欺壓他人，而免於破壞到法制；並且又進一步在「情」的條件上，更因此而獲致敦親睦鄰的好處又方便了鄉里行人的過往。這種一舉三得，理法情都能兼顧到的結果，也應是儒家所強調的一貫「恕道」精神，很貼切的具體事實證明了。

# 第七論
# 唯女子與小人為難養也
## ——論孔子的平權思想

有關主要《論語》篇章

（一）樊遲請學稼。子曰：「吾不如老農。」請學為圃。曰：「吾不如老圃。」樊遲出，子曰：「小人哉，樊須也！上好禮，則民莫敢不敬；上好義，則民莫敢不服；上好信，則民莫敢不用情。夫如是，則四方之民，襁負其子而至矣，焉用稼？」（〈子路第十三・四〉）

釋文

樊遲請學種莊稼的方法。孔子說：「我不如老農夫。」又請學種蔬菜的方法。孔子說：「我不如老菜農。」樊遲退出，孔子說：「樊遲真沒志氣，不肯多努力啊！一個領導者講求禮節，老百姓就自然不敢不尊重規矩；一個領導者講求義氣，老百姓就自然不敢不服從指導；一個領導者講求信用，老百姓就自然不敢不誠懇老實。做到這地步時，四方的人民都會帶著家人小孩來追隨你了，你哪還有功夫自己去種田呢？」

（二）子曰：「唯女子與小人為難養也！近之則不孫，遠之則怨。」

（〈陽貨第十七・二十五〉）

釋文 孔子說：「用非正常關係要和女子建立真感情，以及用非正常關係要和小人建立真感情都是很困難的。當你和他們親近時，他們會要控制你；到你想疏遠他們時，他們又會生氣怨恨你。」

「人生而自由及平等」。這在我們現代民主政治體制中，已是個相當普遍概念。但在兩千五百多年前的封建時代；不管東方或西方，談到自由和平等，都還是一件十分艱困的事情。

孔子卻顯然明白我們每個人——只要是人，就應該享有自由和平等的基本人權。

關於「自由」這回事，我們從開始已陸續討論過多次，孔子對每個人的自由權均表尊重，應已毋庸置疑。例如他認為人要選擇自己人生的意義是純然自由的，尤其要成為一個君子或小人是完全操諸於己的；主要只是看一個人是否存有「仁心」而已。所以他直接了當就指明說了「我欲仁，斯仁至矣」一句話（《論語》〈述而第七・二十九〉）。其後的孟子更加具體化認為「人皆可以為堯舜」（《孟子》〈告子下〉）。又說一個人應該「窮則獨善其身，達則兼善天下」（《孟子》〈盡心上〉）。這些都表達了人生自由的意義。

現在我們則要來討論一下人生平等的道理。因為孔子對人的平等權好像不如對自由權說得那麼清楚，其原因可能是當時他的學生都已在他「有教無類」的原則下學習，日常並沒有感受到什麼平等不平等的氣氛存在，所以也就沒人刻意把其中意義提出來分析討論。所以後來在孔子留下來的思想中，反而就變成個稍欠統一標準的概念，大家在解釋時就容易產生不同的看法。例如有人認為孔子要求做臣子的必須對君主盡忠，就是一種不平等的表現。但事實上，在《論語》中所記孔子所說過最關鍵的兩句話卻應是：（一）「君使臣以禮，臣事君以忠。」（〈八佾第三‧十九〉）及（二）子路問事君。子曰：「勿欺也，而犯之。」（〈憲問第十四‧二十三〉）。這第一句話的意思應是：「在上位的君主對下位的臣子能依規矩要求他們做事，那麼臣子自然就會忠心耿耿來對待君主了。」第二句話的意思應是：「子路問如何適當侍奉國君。孔子說：『不可以做欺騙君主的事；但如果君主有什麼做得不對之處，也不必客氣，要當面規勸他。』」這兩句話都指明了，君主與臣子職務身分雖有異，在領導與被領導的政治社會關係上雖然臣子應配合盡力來完成君主所交代的工作使命，不過這種任務的交代卻非絕對而必須在相對合理的條件下為之，也就是依理而行，雙方是全然平等的；如不合理，則做臣子的就沒有接受的義務。如果君主仍然堅持亂來，那孟子就更不客氣地說了一句：「聞誅一夫紂矣，未聞弒君也」（《孟子》〈梁惠王下〉），認為這樣的領導人就只有簡單換掉了。所以基本上，人與人之間的關係仍是平等的。

可是平等的問題還未完。因為除了一個人以其身分權勢把另一個人踏在腳下之外，另還牽涉到一種所謂「歧視」的行為。孔子對人的種族、性別、職業、財產等的差異，有無尊卑貴賤的刻板偏見？這在《論語》中有兩則記載歷來引起不少爭議。一則記在〈子路第十三・四〉中，被認為有職業歧視之嫌；另一則記在〈陽貨第十七・二十五〉中，被認為有性別歧視之嫌；我們卻有不同的看法。

先看〈子路第十三・四〉中所記的內容：「樊遲請學稼。子曰：『吾不如老農。』請學為圃。曰：『吾不如老圃。』樊遲出，子曰：『小人哉，樊須也！上好禮，則民莫敢不敬；上好義，則民莫敢不服；上好信，則民莫敢不用情。夫如是，則四方之民，襁負其子而至矣，焉用稼？』」

在這一則記載中，孔子的學生樊遲向孔子請學有關種莊稼及種蔬菜的方法，竟就被直斥為小人；所以有人就將其歸諸是一種職業歧視的表示了。但我們認為這事還頗有深入商榷的必要，主要理由有三。

第一是我們先了解樊遲這個人，依據《史記》等文獻資料，樊遲小孔子三十六歲，在追隨孔子求學之前，已做過魯國的公務員，可能還有其他社會的工作經驗，算是孔子晚年弟子之一；初入孔門時他的年紀也應在三十歲而立之年左右了。以他這樣的背景，入了孔門之後，卻突然向孔子問起要學種稻、種菜的事。我們設身處地替孔子想想，這個無厘頭學生的問題，如同一個物理教室裡，新來了一位轉學生，在第一次或第二次上課時卻提出請老師教他如何做一個既實用又漂亮的餐桌或衣櫃一樣，就很可能一時把老師問愣了，根本不知如何回答；只好先應付一下說：「我不如老農，我不如老圃」了。

接著第二，稍緩孔子回過神來，就樊遲的這個驚天一問，又加上了一句批評說他「小人」。孔子於此所用的這個形容是否太重，也是一項可商榷之處；因在儒家之中，「小人」一詞具有兩種不同的涵意在內。其一是所謂「小人閒居為不善，無所不至」（《大學》〈傳六章〉）裡的無惡不作的「小人」，其二是所謂「君子之德風，小人之德草」（《論語》〈顏淵第十二．十九〉）裡的表示與領導者——君子相對的被領導者——小人，是一個中性名詞。於此重要的，我們看孔子在說了樊遲是小人之外，接著又加上了「上好禮，則民莫敢不敬；上好義，則民莫敢不服；上好信，則民莫敢不用情」一段話。在這段話中，孔子用了三個「上」字以及三個「民」字，民字與上字互相對照，就是指的被領導者與領導者在社會上的功能分工關係。所以孔子在這裡把樊遲歸類的小人，所指的是屬於一般民眾的意思，應就很清楚了。

然後第三，就這一段文字，最主要的重點仍是，不管批評得是重是輕，孔子為什麼要說樊遲是「小人」？關於這一點，我們或許應以孔子對樊遲有所督促、期待的看法來做較合理的解釋。我們已提過樊遲是孔子晚年的弟子，開始追隨孔子時他的年紀也已不小，既然把自己已有的社會事業基礎毅然放棄來重新學習，就必應有其更大的人生目標志向存在。但怎麼一上課就先談種田呢？種田並沒有錯，卻可能應非第一選擇。儒家要求「窮則獨善其身，達則兼善天下」，樊遲既有心來追隨孔子，那一定是有更廣闊的理想要追求，那麼突然又先大談要去種稻種菜，就怪不得孔子不太高興了。於是孔子忍不住就這樣訓了他一頓，這個最後指出「上好禮，則民莫敢不敬；上好義，則民莫敢不服；上好信，則民莫敢不用情。夫如是，則四方之民，襁負其子而至矣，焉用稼？」的話，如果一定要從責備的角度來看，應也是一種責備樊遲不可逃避責任的意思。因為君子與小人，在領導與被領導的立場上來看，只是一種社會角色身分的不同，並無任何所謂特權的不平等意義在內。而這種角色的不同，其實只代表領導者要付出更多的勞力來服務其他一般的被領導民眾。這一點，在《論語》〈子路第十三．一〉裡說得很清楚：「子路問政。子曰：『先之，勞之。』請益，曰：『無倦。』」孔子認為所謂在上位的領導人，主要的是要負更大的責任，凡事要比在下位的被領導者先辛苦多做些；而且還不能抱怨，不能逃避。這應亦是孫中山在他的《三民主義》〈民權主義〉裡提到所謂「聰明才智愈大者，就應為更多的人服務才是真正平等的精義」的同樣道理了。

這樣討論之後，我們應可結論在這整段《論語》的〈子路第

十三．四〉中，孔子並沒有對樊遲提出有關農耕的行業有所歧視了。有的，或只是鼓勵樊遲能更努力，期待做更可以服務多數人的工作而已。依照這個原則，或許我們就可把這段《論語》的原意，以白話文來解釋表達為：「孔子的學生樊遲某日突然向孔子提到想學種莊稼的方法。孔子說：『這個我不如一位老農夫懂得多。』又請問是否可學種蔬菜的方法。孔子說：『這個我也不如一位老菜農懂得多。』樊遲沒有得到所要的答案，只好退出。孔子卻嘆了口氣說：『樊須這個人真沒志氣，不肯努力來做多服務百姓的事啊！一個能服務百姓的社會領導者講求禮節，老百姓自然不敢不尊重規矩；領導者講求義氣，老百姓就不敢不服從指導；領導者講求信用，老百姓就不敢不誠懇老實。做到這地步，四方的人民都會帶著家人小孩來追隨你了，你哪還有功夫（又有什麼必要）自己去種田呢？』」

以職業的性質來說，選擇哪一行哪一業都是平等的，種田和做官，都沒有什麼不好，但孔子顯然是認為樊遲是比較適合於從政。他的著眼點只是覺得樊遲應該多做些服務社會的事而已；如果以此就指孔子有所謂職業歧視的傾向，那就可能誤會了他對樊遲有所期待的一番苦心了。

我們再往後看，就發現孔子對樊遲的督促栽培果然沒有錯。就在這一次樊遲的驚天一問，以及孔子的棒喝一答之後，樊遲可能就此開竅了。在整部《論語》之中，在此次問稼、問圃之後，樊遲就還接著提出了多次問仁、問知、問德、問孝等的紀錄，其中尤以〈顏淵第十二・二十二〉裡所記的「樊遲問仁。子曰『愛人。』」成了對儒家「仁道」的最經典詮釋，這個我們已在前文第二論中討論過，於此不再重複。

而且事情尚未結束。除了《論語》之外，我們還要引用一項在《左傳》上描述的齊魯之戰來再清楚說明一下樊遲最後在個人進德修業上以及對國家社會上所做到的出色表現。這次事件發生在魯哀公十一年（西元前 484 年），大致經過是：「齊國與魯國發生戰爭，齊國入侵魯國；孔子的學生冉求率兵作為抵擋齊軍的主力。在他的指揮車上要樊遲跟著他擔任保護全車的武士。在兩軍接戰時，魯軍隔著一條壕溝與齊軍對峙，冉求希望部隊能衝過溝攻擊遠來的齊軍取得先機，魯軍卻拖拖拉拉未能越過壕溝前進。正仍在僵持之中，樊遲審度軍情，向冉求建議說：『我們是可以過溝先攻取勝的；光說卻沒用，這需要你領頭衝鋒才成。』冉求聽了樊遲的話便依言下令擂鼓帶頭攻擊，果然就一鼓作氣過溝擊垮了齊軍，穩住了整個大局。」由這些《論語》及其他史料的記載，樊遲最終就給我們一個鮮明而智勇兼具的優秀人才印象了。亦即孔子對他從頭的有所期待與鼓勵，樊遲最後也不負孔子的栽培，列名於孔門七十二賢之中。兩人之間師生關係密切，孔子對他的學習是盯得相當緊，希望他能對國家、社會做更多的貢獻；卻應無任何對職業選擇歧視的意思在內。

討論過孔子是否對職業有所歧視之後，我們接著再看他對性別有沒有歧視的觀念。這個爭議記在《論語》〈陽貨第十七・二十五〉，原文是：「子曰：『唯女子與小人為難養也！近之則不孫，遠之則怨。』」有人認為這就是孔子歧視女性的證明了，把女子與小人並列，而且主要描述你對她好，她就要爬到你頭上；你如疏遠她，她就要糾纏沒完沒了。這種說法也大有可商榷之處，理由應亦有三。

其一是我們先看這裡所提的「女子」一詞，是指的天下的所有的女子或只是部分特殊的女子。如果是泛指所有女子的話，那豈不把孔子自己的母親、配偶、女兒等女性親人全都包括進去了？最起碼他應不會如此來形容他自己的媽媽啊。根據史料記載，孔子三歲即喪父，靠著母親顏徵在含辛茹苦過著貧困生活把他教養長大至十七歲也去世了。如此偉大賢慧的一位母親，孔子怎麼可能把她也歸入「近之則不孫，遠之則怨」的小人行列裡？這很不合邏輯。而且於正常的男女關係，在孔子很推崇的一部《詩經》中，就有很多浪漫情愛的描述，例如《詩經》一開頭的〈周南・關雎〉，就清楚地吟哦出「關關雎鳩，在河之洲；窈窕淑女，君子好逑」的詞句。以那雎鳩水鳥在河中沙洲上互相關關地鳴叫，表達了我們年輕的君子和淑女彼此思慕求偶的美麗意境。也在〈小雅・常棣〉中，以「妻子好合，如鼓瑟琴」的文字；描繪出我們家庭裡夫妻相親相愛，就好像琴和瑟合奏出和諧樂章動人的畫面。孔子於此都沒有半句批評，只有讚美。那他怎麼可能突然把天下女子一下又都說成了小人？

接著其二，我們認為在這裡所指的「女子」，應只是指部分的女人而已。怎麼樣的女人呢？那應就是和某人有了「小人」關係的女人了。其實天下男人和天下女人都一樣，要和你有了較親密的關係之後，才有君子和小人的意義。孔子在這裡特別用了「近之則不孫，遠之則怨」來形容這種小人交往的結果，因為「君子之交淡若水，小人之交甘若醴」。一個人與另一個人在一開始交往，就只是純粹兩個人之志趣相投，彼此互相欣賞又能互相尊重，沒有其他利益糾葛的因素存在，就是一種正常「自然發生」而可長可久的君子之交。但如果兩人之間，一開始便是因為某種不正當利益而與對方有了較親密的關係，這種關係就屬於是勉強湊合「養」出來的小人之交了。而如此建立關係後，在維護這種既得利益的基礎上，自然就會有強烈要控制對方的動機產生；一天到晚患得患失，甚至還想要從對方獲取更大的好處；那麼「近之則不孫，遠之則怨」的小人做法，就是隨之而起的「難養」後遺症了。

於是其三，到這裡，我們可以明白孔子所指的「女子」，應是指的男女之間存有不正常關係的女子了。天下的男子和女子都一樣，一個人和另一個人在互相利用的基礎上建立關係就是互為小人，一個男人和一個女人在互相利用的基礎上建立關係亦是互為小人。小人都想永久控制對方，否則就可能要把對方毀掉。尤其在男女之間的不正常關係因為摻雜了感情的敏感因素在內，這種現象就特別顯著。我們看歷史上不少帝王後宮的鬥爭，以及現代不少名人的緋聞事件，不都是因為與「女子」有了不很正常的小人關係而生？於是，我們或就可把這段《論語》〈陽貨第十七・二十五〉的內容以白話解釋如下：「孔子說：『用非正常關係的方式要和女子建立真感情，就如同用非正常關係要和小人建立真感情一樣，都是很困難的。因為這種關係先天上皆以利益交換為基礎。所以當你和他們親近時，他們為了更多的利益，就要控制你；到你想疏遠他們時，他們又會為了不甘失去利益，就要怨恨傷害你。』」這一段話說的應是男女之間的關係頗有其微妙複雜之處，卻和歧視與否，並不相干。

男女之情可以優美如春花秋月，也可以險惡如洪水猛獸；我們在最後或仍有補充幾句贅言的必要性。那就是孔子會突然將不正常的男女關係比作不正常的小人關係，也許是有感而發之言也不一定。其原因就可能牽涉到一個名叫「南子」的女人。這件事記在《論語》〈雍也第六・二十六〉裡：「子見南子，子路不說。夫子矢之曰：『予所否者，天厭之！天厭之！』」文內意思是：「孔子私下去見了南子一面，子路對此很不高興。孔子因而發誓說：『我如果有做了什麼不合禮的行為的話，天會厭棄我的！天會厭棄我的！』」

為什麼孔子與南子見了一面，就引起了子路對老師如此大的反應，而孔子又幾乎為此嚇出一身冷汗？這可能是孔子與子路都具有超高的道德感，以及南子偏偏又是個名聲不太好的女人。啊，不對。其實我們應該說南子是一個與衛國的國君衛靈公有不正常感情受委曲，而因之發生有不少爭取不當利益，尋求補償行為的一個女人。

依據有關史料的記載，南子原籍宋國，在年輕時便已有一個要好的男朋友叫公子朝；後來弱小的宋國為巴結較強大的衛國，卻把她硬送給了比她大了幾十歲的衛靈公做不知道第多少房的夫人，這就是不正常關係的開始了。衛靈公得了這麼一位既年輕又美麗又聰明的如夫人當然很高興。我們說南子年輕漂亮固不在話下，說她聰明也在漢朝劉向所著的《列女傳》裡有一段證明；大意是：「某天夜裡衛靈公與南子在宮中閒坐聊天，忽然聽到宮外有馬車轔轔的聲音，到了宮門口卻停住了，過一會聲音又再響起來。南子對靈公說：『這一定是蘧伯玉。』衛靈公問：『妳怎麼知道？』南子說：『依照一般禮節，做臣子的經過君主的宮門應下車步行表示尊敬。蘧伯玉是衛國最為人稱道的賢大夫；現在雖已夜深，還如此規矩行事的，一定是他了。』靈公派人去查看，回報果然就是蘧伯玉。」這樣一個既美且慧的女人，衛靈公就只有百依百順地寵愛了。但男女間的互為小人通常就由不正常的關係開始；愈不正常，問題就愈大。而衛靈公與南子之間，除了衛靈公年紀太大，夫人太多之外，他又還好男色，是古代著名的雙性戀君王之一。如此兩人非常複雜的小人感情關係，當然就造成了南子更強烈要求補償的心理動機了。起先是常常藉故回宋國去私會舊情人公子朝；過了一段時間，嫌不方便，竟就乾脆要求衛靈公把公子朝接到衛宮中長住，就等於根本沒把衛靈公看在眼裡了。南子接著還把持了朝政，如孔子等人，她都私下召見，這也就怪不得子路不高興了。而更嚴重的，依據《史記》〈仲尼弟子列傳〉及《左傳》〈定公十四年〉等書上的記載；後來衛國的太子蒯聵與南子有了衝突，蒯聵找了一個叫戲陽遬的人要在朝見衛靈公的時候殺掉南子；戲陽遬在動手前稍猶豫了一下，立即被南子察覺有異，於是便逼著衛靈公處理此事，太子蒯聵逃離衛國。三年後，衛靈公過世，南子又參與了一連串衛國立君爭權的鬥爭，造成衛國接續多年的動亂。在這十餘年裡，孔子周遊列國，大多數時間正好停留在衛國。孔子對衛國的情感頗深，認為魯衛兩國乃兄弟之邦（《論語》〈子路第十三．七〉），等於把衛國看作自己的第二故鄉，原本對衛國的政治也頗有所期待；後來目睹這樣的局面，或就使他有所感慨，而說出「唯女子與小人為難養」這句話來了。總而言之，卻與所謂歧視女性，應無太大關連。而從另方面來講，這句話我們或更可解釋為孔子真正的意思應反是在告誡天下男子，要多尊重女性才好。千萬要多將心比心對待她們，否則那便等於是跟自己過不去了。

# 第八論

# 山梁雌雉，時哉，時哉

## ——論孔子的環保思想

有關主要《論語》篇章

（一）子釣而不綱，弋不射宿。（〈述而第七．二十六〉）

釋文　孔子用釣竿釣魚，不用大網橫斷流水捕魚。用弓箭射鳥，但不射已歸巢歇宿的鳥。

（二）色斯舉矣，翔而後集。曰：「山梁雌雉，時哉，時哉！」子路共之，三嗅而作。（〈鄉黨第十．十八〉）

釋文　子路在山間橋上一群雉雞中捉到一隻母雉；其他的雉雞受驚飛起，迴翔一陣後又停聚在較遠處。孔子責備子路說：「現在正是雉雞繁殖的季節，你這樣襲取橋上的母雉，很不合時宜，不合時宜呀！」於是子路用手拱著母雉放回地上。母雉被放，先遲疑了一下，然後再三辨認子路已無惡意，便也振翅飛走了。

十九世紀英國文豪狄更斯（C. Dickens）在他的名著《雙城記》的開場白裡寫道：

這是最好的時代，也是最壞的時代。
這是智慧的時代，也是愚昧的時代。
這是光明的季節，也是黑暗的季節。
這是希望的春天，也是絕望的冬天。
我們什麼都擁有，也什麼都沒有。
我們正走向天堂，也正走向地獄。

這幾句話似乎迄今仍然適用。尤其在描述我們現代人類生活的實況上，更是妥貼十分。

這個世界近兩百餘年來，一方面由於文明及科學的進步，人類就享受到以往數千年所從未嚐過的個人地位的提升以及生活品質的改善。除了部分仍然封閉的國家之外，民主、自由、平等的思潮已經莫之能禦，成了每個人的基本人權；想做什麼就做什麼，不會有太多的限制。而且物質生活富足，每個人基本上都可以豐衣足食，不虞缺乏，還有各種高科技產品任人使用。以往要花多少天才能傳達的訊息，現在彈指就到；以往要走幾個月的旅程，現在數小時便可完成；以往要做多少年的工程，現在剋日即可解決。這怪不得就有人說，我們人類文化歷史的發展，在近兩千年的時間上，好像把過去兩萬年的成果翻了一倍；近兩百年來，又好像把過去兩千年的成果翻了一倍。這樣看來，我們人目前所處的，不是最好的時代是什麼？

但是，問題來了。同樣就隨著十八世紀美國獨立戰爭、法國大革命等事件建立起民主政治制度，以及歐洲工業革命生活物資大量生產後，人的自我意識可能就隨之過度膨脹；而由於人類一夕暴發的結果，似乎又由過去極端的壓抑，變成了現在極端的放縱。人權及物質享受突然到手，似乎又變成了只顧到自己的權利而忘卻自己同時應負的一份責任，結果就產生了很多只顧眼前一時的私利，而忽視了可能帶來往後久遠的公害後遺症。人類在這世界上生存的最大威脅，自古以來應就是天災和人禍兩大因素。舊時可能是天災大過人禍，譬如說戰爭常由飢荒而來，現在則似乎變成人禍大過天災，例如近百年的兩次世界大戰，打的可能是思想和更多權利的爭執；而因此死傷的人就可能多過以往所有戰爭所死傷的總人數都不一定。現在兩次大戰雖然已經過去，但第三次世界大戰會不會隨時爆發卻又誰都不敢預料；因為除了思想的對抗之外，物質資源的爭奪卻似乎越來越激烈。以往對資源的要求單純只是因為要滿足基本生活所需，例如民不聊生，才鋌而走險，造成禍亂；而現在對資源的要求，都是為了要增加自己無底的慾望享受，變成強大的國家向弱小的國家侵略、殖民、掠奪，造成富者愈富，貧者愈貧。而因為得來容易，對物質不知愛惜，最終仍是大自然被嚴重破壞。所以目前南美的雨林被大量砍伐，中東的石油即將告竭，而又因之而引起地球臭氧層的破洞愈來愈大，地面的氣溫愈來愈升高，南北極的冰層迅速溶解，都是目前人盡皆知的事實。而依據國際自然保育聯盟（IUCN）二十一世紀以來所公布的資料顯示，因為自然資源的過度開發使用，地球上的生物已面臨了嚴重滅絕的問題，因除了生物被人類直接作為生活上的使用品之外，又加上自然生態的失衡以及環境汙染等因素，現在地球上的動植物種正每年減少以萬計的數量在迅速消失。這樣的結果，當然最後也就影響到人類本身生存的問題。民主、自由、科學的思想在近兩百年左右使得人類享受到前所未有的幸福生活，這當然是一個最好時代的來臨，但同時因為生活得太過隨心所欲而不知節制，接著卻很可能立即帶來整個地球的毀滅。由大自然環境的極度破壞，到無數物種的滅絕，而終至人類無法生存下來。這種惡性循環的結果，不也就是最壞的時代也同樣就到了？

孔子如果看到今日的這種景象，就說不定比他在兩千五百年前還要感嘆。因為好不容易盼到一個自由、民主、科學的世界實現了，怎麼眼看著又要就此完結了呢？真是「人無遠慮，必有近憂」（《論語》〈衛靈公第十五・十一〉）啊；怎麼可以不先「未雨綢繆」，預先防範這種不良後果的產生呢？而且這種預防是可以做得到的啊！

孔子確實是老早就思考過這個問題，而且思考得很深入。這可能要從他的「天人合一」思想談起。

什麼叫做「天人合一」？其實很單純，我們認為這就是指「人要知道自己對這個世界的責任」的意思。什麼是「人對這個世界的責任」？我們或應先看看儒家所謂的「天」到底是指的什麼。

儒家的「天」字，可能起碼包含有四種意義，即：（一）世界、（二）大自然、（三）宇宙、（四）神。在《論語》中，常常提到天的問題，例如在〈為政第二・四〉裡所說的「五十而知天命」，提到孔子五十歲左右就真正了解到他對上天及這個社會的責任就是知其不可而為之。這裡的「天」字，應就是指神位的天以及我們人生活於其中的這個世界。在〈泰伯第八・十九〉裡所說的：「大哉堯之為君也，巍巍乎，唯天為大，唯堯則之！」提到像唐堯這樣的君主真是和天一樣的崇高偉大。這裡的「天」字，應是指是自然運行的宇宙和這個世界。在〈述而第七・二十二〉裡所說的：「天生德於予，桓魋其如予何？」提到自己完全是依照上天的道理來行事的，天自會保佑我；不必在乎像桓魋這樣逆天行事的人能奈何自己。這裡的「天」字，應指的是神位的「天」。在〈憲問第十四．三十七〉裡所說的：「不怨天，不尤人，下學而上達，知我者，其天乎！」提到自己不抱怨天，不抱怨人；只要上天能明白我確是把學到的道理切切實實地奉行就可以了。這裡的「天」字，應是指的神位和世界意義的「天」。又在〈陽貨第十七．十九〉裡所說的：「天何言哉？四時行焉，百物生焉，天何言哉？」提到「天」的道理至明，其實不必多說，大家都可以看得很清楚。這裡的「天」字，應是指的宇宙和大自然的意思。

不管「天」是代表宇宙、大自然、世界或神，其與人的關係本就密切。儒家認為人在某種意義上，本來就是「天」的一部分，甚至萬物都是「天」的一部分。因為人與萬物本就包含在宇宙的範圍之內，不管所占分量多少，基本上都屬於「天」。也就好像一個人身上的手、腳、軀幹、內臟、毛髮都屬於人一樣，型態不同而已。這種思想，在西方哲學裡也有不少類似說法。譬如希臘的亞里斯多德就曾提出形質論來解釋過宇宙萬物的生成變化。他認為在質料上，萬物都是一些相同的東西，但形相上則各異。人有人的形相，羊有羊的形相，泥土有泥土的形相，草有草的形相。小草由泥土中生長出來，同樣的質料就由泥土的形相結構轉變成了草的形相結構。等到草被羊吃了下去，那草的形相又變成了羊的形相。接著羊被人所吃，那羊的形相又變成人的形相。然後等到人或被老虎所吃，或被細菌殺死，或自然亡故，他的形相消滅，而質料則又可能改由老虎或火、水、泥土的形相限定而隨之轉變了。在這個原則之下，萬物的所謂「變化」，其實也可以解釋為「未變」。我國《易經》的一個「易」字，一方面可以解釋為「變易」，一方面又可以解釋為「不易」，應也就是同樣的道理。

在基本「天」的意義上，人與萬物系出同源，本來沒有什麼差別，但又不能說完全相同，而最大的相異處就是人具有其他萬物所沒有的理性與感情。因為有了感情與理性的存在，就使人有了思想的可能。雖然人的思想仍有缺陷，無法做到全知全能的地步，無論如何，卻便有了接近天的「神性」的一種「靈性」之可能了。而就因了這種可以思考判斷的特質，使人有了可以決定自己行為的自由。在某種意義上，雖然尚未能達到可以充分了解天意，達到無縫接軌的地步，但是起碼已可揣摩老天讓我們人生在世，到底是要我們做些什麼的大致方向。而且還因為有了這種特質能力，還或多或少成了上天與這世界萬物間的溝通代言人。這應就是所謂「天人合一」的意義目的了。天人合一，代表人要知道天命，明白自己對天賦使命的責任。這種責任範圍甚廣，譬如有：敬天（祭祀）、順天（依照天的意志行事）、求天（祈禱）、問天（占卜）、謝天（感謝天容許人的存在）、應天（辦理天臨時交代的任務）、探天（研究宇宙的物質科學意義）、愛天（愛惜天下世界的萬物）等不同形式表現。每一項我們都要從了解上天所交付的責任開始，然後設法加以完成。

但人又要如何來揣摩推測上天的意思呢？在這一點上，孔子又提出了非常智慧的看法，這話記在《中庸》〈第二十章〉裡，那就是：「誠者，天之道也；誠之者，人之道也。」孔子認為天道本來就是非常坦白清楚的，我們人也應該坦白誠懇地去求了解天道。這在實踐的意義上，天人合一也就是天人合德的一種追求了。所以子思在《中庸》〈第二十二章〉又更加以發揮說：「唯天下至誠，為能盡其性；能盡其性，則能盡人之性；能盡人之性，則能盡物之性；能盡物之性，則可以贊天地之化育；可以贊天地之化育，則可以與天地參矣。」這話的意思應就是指的：「只有做到至誠的地步，一個人才能了解自己的本性；能夠了解自己本性，就能同樣了解一般人的本性；能夠了解一般人的本性，就能了解這世界萬物的本性；等到能了解萬物的本性都有相通之處，就可以負起協助天地來化育萬物的責任了。既可以協助天地來化育萬物，那就是做到與天地合一了。」

「誠」就是不自欺欺人。我們知道天應是全知全能的，所以要在老天面前耍花樣恐怕也沒用。我們也知道人是不完美的，例如人必須依賴攝食其他動植物維生，這也不需要隱瞞。但是依照一個誠字，要考慮的卻應是有無「過當」的問題。人生在世，其實與任何他人與他物都會有相生相剋的問題存在。作為一個人，在儒家的理想中，雖知無法以人的智慧來獲知世間的終極真理到底是什麼，但起碼是能夠以人的誠意來協助維護這世間要求以和諧的原則來使這世間萬物之間能夠達成平衡、永續卻是可為的。那應就是儒家所謂「仁愛」思想的根源了。這話的意思，在天人合一的要求上，應側重在「愛天」的範圍之內。愛天，可能就是要從愛這天下所有萬物開始，因這與我們的日常生活最直接相關；而要按照天的意思來愛萬物，基本的依據無他，就是這個「誠」字。就這一層關係，孟子在其《孟子》〈盡心上〉裡就有兩段進一步的述說。第一段為：「萬物皆備於我矣。反身而誠，樂莫大焉。強恕而行，求仁莫近焉。」第二段為：「君子之於物也，愛之，而非仁；於民也，仁之，而非親。親親而仁民，仁民而愛物。」在第一段裡，孟子認為：「我們為人就事論事認真思考一下，原來我們人在這個世界上存在和其他萬物存在的道理是相通的呀！明白了這回事，真是好極了。我們推行仁道，也應就從這個推己及人、推己及物的原則做起了。」在第二段裡，孟子又認為：「一個君子人對於自然界的萬物，當然要愛育它，卻不可能以對人的仁德來待它；對於民眾，要以仁德來待他，卻不可能以對親人的親情來待他。君子就由親愛自己的親人，推及到仁愛人民；再由仁愛人民，推及到愛惜萬物。」我們把孟子的這段話放在這裡，乍看之下，好像有互相矛盾的情況出現了。因為既然萬物一體，怎麼又有了仁愛的差異？於此我們要稍加說明的是，我們人的思想本由理性與感情綜合而來，雖然理性上我們認知萬物一體，但感情上卻仍然不免有遠近親疏的距離產生。譬如我們看自己家裡的那個大同電鍋和看別人家裡同樣的那個大同電鍋也會有不同的感受在內；對別人的父母子女也不可能和對自己的父母子女完全一樣。孟子之做了仁愛輕重的分別，在誠意的立場上，恐怕就應是更坦率的表達了。

總而言之，人之所以為人，就是要仁愛就對了。仁愛以誠為本，無法偽裝。一個能以具有仁愛之心，以此為出發點的人就應是個理性與感情正常的君子；君子可能因對象不同而會有愛得多少的問題，重要的是他的愛心必是隨意流露，想擋也擋不住。反之，一個理性與感情不正常者則為小人；小人可能因其行為偏向功利自私，那對其他的人事物就怎樣也擠不出愛來。這在漢代劉向的《說苑》〈貴德〉裡就記有三則故事，或可做為這種對照的說明。第一則的大意是：「魏國大將樂羊受魏文侯的命令攻打中山國，當時他的兒子就在中山國內。於是中山國君把他兒子捆縛懸在城門口給他看，樂羊卻不為所動。中山國君又把他兒子煮成肉羹送給他；樂羊就在軍營把一杯肉羹吃完了。接著等樂羊領軍攻下了中山國，魏文侯雖然仍獎賞了他的戰功，卻很懷疑他的心地，後來便不再重用他了。」第二則的大意是：「魯國大夫孟孫打獵捉到一隻小花鹿，就要他的手下秦西巴先用車運回。誰知有一隻母鹿卻一直跟在車後悲鳴。秦西巴心中很不忍，於是便把小鹿放出讓它隨著母鹿走了。稍遲孟孫回到家裡，想要看看捉到的小鹿，秦西巴回答說：『我很不忍心看著母鹿一直跟著，就把它放了。』孟孫一聽大怒，就把秦西巴開除了。但次年，孟孫的兒子正好要請一位老師，孟孫又把秦西巴找了回來擔任這個職務。孟孫身邊的人提醒他說：『你本因秦西巴犯罪把他開除了，現在竟要他擔任教導你兒子的這種重要工作，是什麼道理呢？』孟孫回答說：『這個連一隻小鹿都那麼愛護的人，他一定也會更愛護我的兒子的，我不找他找誰呢？』」這兩則故事正好代表了兩種對「愛」不同的描述，第一則是樂羊為了達成某種目的可以吃自己兒子的肉，雖然有功卻被懷疑，因為這種人令人覺得冷酷可怕。第二則是秦西巴為了不忍之心寧可以自己受罰來使小鹿與母鹿重聚，雖然獲罪卻令人覺得可親可靠。這兩個人的表現都不是偽裝可以做得來的，亦即從一個人仁愛之情的自然流露，就可以得到見微知著的效果了。接著我們再看《說苑》〈貴德〉上的第三則故事，這則記載提到了孔子。內容大意是：「孔子某次在楚國，有一位漁夫很熱誠地要把一些魚送給孔子。孔子起先認為無功不受祿而推辭。漁夫就坦白說：『我今天漁獲較多，天氣熱恐怕賣不完就腐爛了，如果我把魚就這樣丟掉，那就不如送給你這樣一個君子人較妥啊。』孔子一聽，就恭敬接受了。回到家裡，孔子便要學生把祭祀的桌子擦乾淨，把魚放在桌上祭拜。他的學生頗有疑問，便說：『老師，這些魚本來是漁夫要丟掉的東西，現在您卻把它放在祭桌上恭敬祭拜，是為什麼呢？』孔子回答說：『一個能夠知道不浪費物資，善用物力的人，就是第一等的人物了。我現在受了第一等人物的恩賜好處，怎麼能不奉祭感謝呢？』孔子的這個祭拜行為，應是包含有三項感謝的意義在內。第一是表示了對天的感謝，因為天給了人生存的物資所需；第二是表示了對漁夫的感謝，認為漁夫能善用物資，不造成無謂的浪費；第三是表示了對魚的感謝，我們人的生存就因它們犧牲而得以延續。惜物若此，這也就是儒家仁愛思想的一種很誠懇細膩的風範了。

從萬物一體開始思考，異中有同，同中又有異；無論如何，盡量多愛就是了。這種大愛的精神，就容易放諸四海而皆準。推己及人然後再推己及物，這與我們現代所謂要重視環保的原則完全一致。環保的最核心要領應有二：一是節用，二是保育，孔子於此都有很深入的看法；我們就從《論語》中再各舉兩個例子，以為說明。

先談節用。我們就看〈八佾第三・四〉及〈鄉黨第十・八〉這兩章所記孔子的說法。在〈八佾第三・四〉這一章裡記的是：「林放問禮之本。子曰：『大哉問！禮，與其奢也，寧儉。喪，與其易也，寧戚。』」白話大意是：「魯國人林放向孔子請教禮的實踐最主要的原則是什麼。孔子說：『你問得好極了！禮是絕不能廢棄的，但如果弄得太繁文縟節又不太好；與其太鋪張，就不如儉樸些。譬如喪禮，重在能表達一種哀傷的氣氛，而不必太重視形式的虛文。』」這一段文字就首先說明了孔子認為人之為人，當然應有互相付出尊重、關懷的人力、物力的需要，但如搞到太勞民傷財就不好了。

節用，就是合理使用物資的意思。我們再看〈鄉黨第十．八〉這一章裡記的孔子的日常生活行為原則：「食不厭精，膾不厭細。食饐而餲，魚餒而肉敗，不食。色惡不食，臭惡不食。失飪不食，不時不食。割不正不食，不得其醬不食。」白話大意是：「飲食不嫌做得精美，烹飪不嫌做得細緻。食物如果已變質，魚肉如果已腐爛，就不要吃了。甚至食物在顏色上、氣味上已不妥當，也不要勉強吃了。烹煮得過生過熟的菜餚不宜吃，不是適當季節出現的食物也不宜吃。切割得亂七八糟的食物不吃。烹煮過鹹或過甜等的食物也不吃。」這一章與節用環保的關係，我們或有四點應予強調之處：（一）節用是環保的第一要務，而節用就必須從我們日常生活的細節做起，而生活最大的重點就莫過於飲食。（二）飲食首先要求精緻就是食材可以物盡其用，而烹飪調味適當又可以使食物可以吃光，不致浪費。（三）不是時宜出現的食材應是在未成熟時即強取，且價格會較貴，不符經濟原則。（四）食物要在其腐壞前即用盡，以免浪費或勉強食用有損健康。孔子在這一章文字裡就把生活節用的原則幾都表達清楚了。生活飲食的環保，照著這樣來處理，應就基本可對得起自己和自己所處的環境了。

孔子除了節用之外，還在《論語》中提到環保更進一步的「保育」觀念。我們接著來看〈述而第七．二十六〉及〈鄉黨第十．十八〉這兩章裡的記載。

在〈述而第七．二十六〉裡記的是：「子釣而不綱，弋不射宿。」白話大意是：「孔子用釣竿釣魚，卻絕不用大型的魚網橫斷流水捕魚。用弓箭射鳥，但不會去射已歸巢歇宿的鳥。」人在自然界中採用物資，本來是一種不得已的行為；孔子除了認為應該節約使用之外；更進一步表明了人不可因要獲取更大的利益而採用趕盡殺絕的做法。抓魚、打鳥為供生活所需是不得已，大批的捕捉以成為私人巨大的財富就不對了；而且經過大批捕捉消耗自然物資之後，以後就必然會造成物資缺乏的問題。在這一點上孟子也說：「不違農時，穀不可勝食也；數罟不入洿池，魚鱉不可勝食也；斧斤以時入山林，材木不可勝用也。」（《孟子》〈梁惠王上〉）認為「人與自然共存，只要農作依時耕種，五穀就吃不完；不用太細密的魚網在池塘捕魚，漁產就吃不完；砍伐樹林能間隔依時分批來做，木材就可使用不盡了」。亦就是一樣的道理。

除此之外，孔子在〈鄉黨第十．十八〉又還提出了更進一步環境保育的觀點。這一章裡記的是：「色斯舉矣，翔而後集。曰：『山梁雌雉，時哉！時哉！』子路共之，三嗅而作。」白話大意應是：「子路在山間橋上捉到一隻母雉，其他的雉雞受驚而飛起，迴翔一陣後又聚停在較遠處觀望。孔子就出聲責備子路說：『現在正是雉雞繁殖的季節，你這樣襲取橋上的母雉，很不合時宜，不合時宜呀！』於是子路用雙手拱著母雉放回地上。母雉被放，先遲疑了一下，然後再三辨認子路已無惡意，便也振翅飛走，回到雉群去了。」在這一章裡，孔子等於已把仁民愛物的思想，藉此發揮到極致了。所謂生態保育，依現代意義即為尊重與我們共存的生物，盡量給各種生物都能有一個適當的生存環境。我們想的是，如果人人都能像孔子一樣的對任何生命都有如此細膩溫馨的心思，那又還有什麼環保的問題難解的呢？

# 第九論
# 有教無類
## ——論孔子的教育思想

有關主要《論語》篇章

（一）子曰：「性相近也，習相遠也。」（〈陽貨第十七．二〉）

釋文　孔子說：「人的本性是相近向善的，後來因受學習環境的影響，才加入了惡的成分，有了善惡之分。」

（二）子曰：「有教無類。」（〈衛靈公第十五．三十八〉）

釋文　孔子說：「受教育是基本人權，不宜有任何身分及能力等限制。」

（三）子曰：「不憤不啟。不悱不發。舉一隅不以三隅反，則不復也。」（〈述而第七．八〉）

釋文

孔子說：「教育是內化，而非外鑠的。所以教學生一門功課，首在了解學生是否已有學習這門功課的動機；如果缺乏動機，那就是學習的時間尚未成熟。其次則在了解學生是否已有學習這門功課的基本能力，如果研讀的能力不足，那也不宜草率就要他去學習。然後在教學過程中，還要隨時留意觀察學生是否真正可以融會貫通所學知識，如果學生竟不能將所學知識應用在一般類似的實踐道理上，那麼教師和學生就必須暫時停下來，共同修正有關的教材和教法，而不可只一味機械式地強教下去。」

（四）葉公問孔子於子路，子路不對。子曰：「女奚不曰：『其為人也，發憤忘食，樂以忘憂，不知老之將至云爾！』」（〈述而第七・十八〉）

釋文

葉公向子路問孔子的為人，子路一時不知如何回答。孔子說：「你怎麼不告訴他說：『他這個人，發憤求學做事，有時會連飯都忘了吃。在求學和做事上有了些許進步，就快樂得忘了一切眼前的憂愁。直到現在，自己已稍有年歲了，還是保持這種不變的心態呢。』」

教育的意義或可分為兩個方向來說明。

第一是教育應是人所獨有的活動。第二是教育含有向上提升理想文化的傾向。

第一方面說教育是人所獨有的活動。那是因為人在學習的過程中，特別具有了解是非對錯的理性能力。例如人在學習了應在固定處所大小便之後，還同時會知道為什麼應該如此做；其他的動物，雖亦可學會一種在固定處所大小便的習慣，它們卻不可能知道為什麼要這樣做的道理。所以其他動物的學習充其量只能說是一種訓練的結果，而只有人類的學習，在學會一種新的技能或習慣之後，同時又還能了解該項學習的深層意義，才能稱之為教育。

第二方面說教育含有向上提升理想文化的傾向，那是說純粹就學習本身來講，原本是沒有好壞之分的。例如我們學會一種新的種樹蒔花的技能是學習，但學會一種賭博騙錢的技能，其實也是學習。於此，前一種對社會生活文化有提升作用的學習，我們理應稱之為教育，而後一種可能會造成破壞社會風氣，使人學了之後趨向負面發展的，我們就很難稱之為教育。

儒家的教育思想，應亦在這兩大原則之下來做討論。亦即我們要談教育，就不能不先了解人性，然後隨著人性的發展，乃終能完成學習內化與向上發展的教育目標。

儒家的人性論應認為人性是向善的。我們可能要從「人性本善」這句話來說起。

在人性的立場上，主要的可能有兩種不同的理論：第一種是性惡論，第二種則為性善論。

第一種的性惡論如我國的荀子提到：「人性本惡，其善者偽」（《荀子》〈性惡第二十三〉），認為人性都是自私自利的，必須要靠後天的約束才能獲致安定。而西方的馬基維利（N. Machiavelli）、霍布斯（T. Hobbes）等法家思想，亦認為人性在一般情況下，莫不恣意妄為，只有通過法律的規範，才有維持社會秩序的可能。近代的心理分析大師佛洛伊德更直指人的潛意識深層都是惡的，追究到最後，就只剩下「性」與「攻擊」兩項本能的活動。個人做一件事表面上的理由冠冕堂皇，暗地裡卻不過是要滿足自己一些私密的慾望。例如用功讀書可能只是為勝過別人及實現「書中自有顏如玉」、「書中自有黃金屋」的潛意識動機。

至於第二種人性本善論，在我國則以孔子和孟子的思想為主。孔子說：「性相近也，習相遠也」（《論語》〈陽貨第十七•二〉）。又說：「人之生也直，罔之生也幸而免」（〈雍也第六•十七〉）。第一句話孔子應是認為：「人先天的本性是一致相近的，後來卻因後天的環境學習而有了不同的發展。」那天生本性是怎麼一個樣子呢？在第二句話裡，孔子進一步解釋：「人的天生本性都是正直坦誠的，後來受到環境學習的影響才有了不正直的偏差心態產生，但又還可以混下去，那只是一種倖結果而已。」人性有善有惡應是事實，但善惡孰先存在？依孔子的看法，顯然是善先於惡而發生，亦即人性是本善的。這到了孟子，在其《孟子》〈公孫丑上〉更有一段話可以作為說明人性源頭的精彩實例：「所以謂人皆有不忍人之心者；今人乍見孺子將入於井，皆有怵惕惻隱之心；非所以內交於孺子之父母也，非所以要譽於鄉黨朋友也，非惡其聲而然也。」孟子認為在一種毫無任何思慮的率直動機之下，任一個人都會表達出一種不忍別人（尤其弱勢者）受害的心理直覺反應，這就是人性本善的明證。

孟子接著還在《孟子》〈告子上〉上更加以推衍說：「乃若其情，則可以為善矣，乃所謂善也。若夫為不善，非才之罪也。惻隱之心，人皆有之；羞惡之心，人皆有之；恭敬之心，人皆有之；是非之心，人皆有之。惻隱之心，仁也；羞惡之心，義也；恭敬之心，禮也；是非之心，智也。仁、義、禮、智，非由外鑠我也，我固有之也，弗思耳矣。故曰：求則得之，舍則失之。」孟子的意思應即是表達了：「只要順著本性，就可以做對的事。這就是所謂人性本善。至於有人作惡，卻並不是一種屬於本質的問題。憐憫不忍人受苦的心理，是人都有的；羞恥厭惡的心理，是人都有的；恭謹尊重的心理，是人都有的；辨別是非的心理，是人都有的。憐憫不忍人受苦的心，就是仁；羞恥厭惡的心，就是義；恭謹尊重的心，就是禮；辨別是非的心，就是智。仁、義、禮、智，並不是外人給我的，而是我自己本來就有的，只是平時我們未做仔細思考而已。所以說我們自己能積極隨時依此探索實行，它就與我們共同成長發展；如果自己捨棄不做保持的努力，那當然也會很快就迷失掉自己這種原有本性的。」

人性本善，在西方思想也有同樣的說法。例如法哲盧梭（J. J. Rousseau）在其討論教育的名著《愛彌兒》一書中，一開頭便同樣指出：「天生萬物，一切皆善；唯經人手，就成為惡。」也就是人生本善，環境卻會污染人心的意思。美國人本主義心理學家馬斯洛亦認為一個健康正常的人，他一生自然地必以發展自己最理想的自我實現潛能為目的，沒有人一開始便自甘墮落的；但後來做到什麼地步，卻受多種後續條件所限，這也是說明了人性本善，惡是由環境因素影響後來才出現的。

那麼到底是人性本惡，或人性本善？其實相關的討論都各有其道理存在；站在儒家的立場上，我們還是認為人性本善可能是較中肯的說法；理由或有三項。第一是人性本惡很可能為不良行為提供了一個合理化的基礎；那就是做壞事好像是應該的，合乎人性的，這似乎不很妥當。第二是人性本惡論中所提到的「惡性」，其實說的或只是人性中部分動物的本能而已。本能如老鼠打洞、小鳥吃蟲、狗咬貓等，基本上它們都沒有為什麼要做這個行為的意識思考判斷作用在內。動物飢則覓食，而飽食之後，如一隻老虎，就不會再去攻擊眼前從草叢蹦跳出來的小白兔。這種覓食充飢的行為，並沒有什麼所謂善或不善的意義在內。但是人則不同，人除了具有動物性的本能之外，還另有感情與理性兩項功能，這才是真正所謂人的特質。動物性的本能並不涉及善惡的價值判斷，人能做各種價值判斷是感情與理性（尤其理性）作用的結果。人是唯一理性的動物，亦即是只有人才有善惡的分別，而由理性辨別是非對錯，主要是做為自己正確行為的依據。而正確的行為一定是傾向於善的，如傾向於惡，就不能稱為正確的行為，也非理性的表現。故理性正確的行為必然是善良、端正、仁愛的，故而人性（單以人性而言）本善。第三在教育的立場上，其實不管性惡論也好，性善論也好，其最後共同目的，都是希望人能學好，不過性惡論較強調以壓抑、懲罰來控制人的惡行，而性善論較強調以鼓勵、輔導來增長人的善行，亦即性惡論所注重的是一種外鑠式的學習，而性善論所著重的則是一種內化式的學習。我們接著就要以此為本，來討論孔子的教育思想。

我們用了相當的文字來討論人性本惡或人性本善的問題，因為這與我們接著討論教育的內化或外鑠取向關係密切。性惡論既然認為人性本惡，那麼我們教育的目的當然就是去「惡」，所以荀子說：「今人之性，生而有好利焉，順是，故爭奪生而辭讓亡焉；生而有疾惡焉，順是，故殘賊生而忠信亡焉；生而有耳目之欲，有好聲色焉，順是，故淫亂生而禮義文理亡焉。然則從人之性，順人之情，必出於爭奪，合於犯分亂理而歸於暴。……用此觀之，然則人之性惡明矣，其善者偽也。故枸木必將待檃栝烝矯然後直，鈍金必將待礱厲然後利；今人之性惡，必將待師法然後正，得禮義然後治」（《荀子》〈性惡第二十三〉）。這一段話的主要意義應說的是人因為有天生的各種物欲，順著發展下去，人與人之間就一定產生爭奪和暴亂的行為。由此看來，人性是本惡的；有能夠向善者，都是因為後天努力改過的緣故。就好像彎曲的木材，一定要用器具、用方法來矯正，才能拉直；鈍刀必須經過砥磨，才能鋒利。所以人的本性為惡，也一定要得到教師、法律的引導，才能走上正道；得到禮節、義理的約束才能獲致安定。這就是一種外鑠式的教育概念。

而性善論認為人性本善，性善是先天的，隨著理性的出現而來。人之起初無有不善，惡則是後天產生的；例如小孩子未經環境汙染，絕不可能天生就會說謊話，而任何一個人第一次說謊話也必定先經過一番內心自我的掙扎。於是性善論在教育的原則上，所採取的是一種內化的立場，認為教育，就是協助一個人的成長而已。如同我們種樹一樣，樹的生長原就是它的本性，我們只要基本上使這棵樹得到適量的澆水、施肥等照顧，它就會自然長得很好，實在不太需要前述荀子所說的，一天到晚用檃栝烝矯等方式去彎曲或拉直它。所以《禮記》〈學記第十八〉裡，就把教育描述為：「教也者，長善而救其失者也。」其意思即是說：

「教育的作用，就是使受教者能依先天人性本善的優點成長，並因之而克服惡行產生的缺點。」《說文解字》則分開解釋教育兩字為：「教，上所施，下所效也。」以及：「育，養子使作善也。」亦即教育就是先學者以其向善的經驗來引導後學者以內化方式使更能發揮人的善性之意。由這些我國典籍對教育的定義，我們或可歸納出兩項重要的意義來。一是我國傳統對教育的解釋，與我們在開頭所提現代認為教育乃是人所獨有的行為，而且具有向上提升人類社會文化的基本要求完全相符；二是教育既是人所獨有的行為，而且旨在強調人類個人及社會成長的意義，然則人性本善與教育應重內化大於外鑠，就應是在實施教育時的較合理目標取向。

孔子的教育思想，應就是依此模式發展形成。這一切，應都要從「子曰：『有教無類』」（《論語》〈衛靈公第十五・三十八〉）這句話說起。

在這句話裡，孔子先簡明地陳述了教育的最基本原則，亦即：「受教育是所有人應享的基本人權尊重，不宜有任何身分及能力等限制。」

在孔子兩千五百多年前當時的封建制度之下，學在官府，平民很難得到受教育的機會，孔子自己是已經沒落貴族的後代，所以就因此沒有受過正式完整的教育。也許就是這個原因，讓孔子立志推廣讓大家都有機會能受教育也未可知，並使他就此建立了至聖先師的地位。他在教育上因之而建立起高瞻遠矚的系統偉大觀念，到如今仍使我們為之讚嘆無已。

「有教無類」簡單說，就是要讓人人都能受教育。這句話說來輕鬆，其中卻至少包含三項平等的精神在內。一是族群地位的平等，二是經濟地位的平等，三是個人才智能力上的平等。

先說第一項，族群地位的平等。這在當時封建制度意識形態之下，孔子開始推動平民教育已經是了不起的成就。他的學生來源一律平等，當然也有貴族身分者，如孟懿子、南宮敬叔等；更多的是一般的普通民眾，如子路更是卞之野人、顏淵經常連吃飯都成問題、仲弓是賤民之子等；孔子都一視同仁予以培育，使之成器成材，這就已經非常不容易。

再說第二項，經濟地位的平等。現代教育經費在某種範圍內，由國家編列預算支應，在古時則仍認為讀書是屬個人的志業，當然應該由使用者付費。可是付不出學費來的怎麼辦？義務教育在當時仍是屬於不可能的一件事，但孔子卻就以個人的力量來勉為其難，所以他就在《論語》〈述而第七．七〉上說了：「自行束脩以上，吾未嘗無誨焉！」表明了任何人有志求學，只要有心送上一份微薄敬師禮品來的，他就願意收為學生。其實在盡量給予學生求學機會的原則上，孔子收了弟子三千，我們或亦可猜測其中孔子應同時已建立起相當有系統的助教制度來了。例如在《論語》中，除了孔子的話語之外，我們亦可看到如曾子、有子等人單獨發表的言論，這也許就是孔子為使「有教無類」能發揮更大的效果，他就安排了較優秀的學生（尤其是優秀而較清寒的學生）來擔任輔導較低班次同學的工作，藉此不但可以免除了貧困學生的經濟壓力，而且又可以使更多的學生得到受教的機會，孔子之所以受人崇敬，當然不是一件偶然的事。

但我們最佩服孔子的，卻是在「有教無類」這個原則上，他如何處理接下來第三項「個人才智能力上的平等」的問題。因為一個人社會和經濟的地位不同，是外在的，是一時的，就學習的意義上，也許在一個老師要決定是否收一個學生時，會產生一些影響的作用，一決定以平等的方式收了這個學生，這種影響力便基本上不存在了。而一個人的才智能力，卻是內在的，是永久相隨的，尤其對後來的學習表現更攸關重大。簡單地說，例如一個貴族富豪和一個平民窮人，我們可以平等的方式使之入學，也可以平等的方式使之學習；但一個才智出眾與一個才智平庸的人，我們可以平等的方式，使之入學；卻可能無法以平等的方式使之收到同樣的成果。所以我們講「有教無類」，可以在入學的條件上及入學後的學習條件上打破一切外在的限制而做到沒有分別的平等學習環境；但在每個學生必然存在，而且無法以簡單方式使之改變的，卻是每個人不同的聰明才智、人格與趣等問題。那也就是說，在教育的意義上，我們可以不計較一個人的身分和經濟條件等外在條件而不影響其學習資格，卻不能不衡量其才智、興趣、感情、價值觀等可能會對學習結果造成巨大影響的內在條件因素。因為學習的結果既是一種內化的行為，新增的知識如能與個人原有的內在條件彼此契合相容，那學習的結果就會愉快而成長迅速；反之則痛苦而成長阻滯。如一味只以同樣的方式來對不同需求的對象施教，那就反而只是製造出一種假平等現象，以現代的說法，就只是一種填鴨式的教育，那就失去「有教無類」的本意了。

孔子顯然已注意到這個問題，而且也有其睿智的應對辦法。那就是一種在「有教無類」之後，必須接續為之的「因材施教」的辦法了。在《論語》裡面，對孔子「因材施教」的實施記錄甚多，我們在此，暫且舉〈先進第十一・二十一〉、〈八佾第三・八〉及〈述而第七・八〉三章所記內容來作討論的依據。

在〈先進第十一・二十一〉裡，所記的為：子路問：「聞斯行諸？」子曰：「有父兄在，如之何其聞斯行之！」冉有問：「聞斯行諸？」子曰：「聞斯行之！」公西華曰：「由也問『聞斯行諸？』子曰：『有父兄在。』求也問：『聞斯行諸？』子曰：『聞斯行之。』赤也惑，敢問？」子曰：「求也退，故進之；由也兼人，故退之。」這段話的白話釋文為：子路問說：「聽到一件合義理的事，就去做嗎？」孔子說：「還有父兄在上，怎麼可以搶先出頭去做呢？」冉有問說：「聽到一件合義理的事，就去做嗎？」孔子說：「聽到了就該去做！」公西華說：「仲由問『聽到一件合於義理的事，就去做嗎？』老師回答說：『還有父兄在上。』冉求也問：『聽到一件合於義理的事就去做嗎？』老師卻回答說：『聽到了就去做。』我感到迷惑了，我大膽提出請問其中道理是什麼？」孔子回答說：「冉求的個性較為畏縮，所以我鼓勵他要積極些。而仲由的個性好勇過人，我就勸告他要謙讓些。」在這個例子裡，孔子應是以仲由和冉求兩位學生的人格特質來作分別教育的工作了。個性衝動的，孔子就教他要把腳步放慢些，個性溫吞的，孔子就教他做事要積極些才好。

在〈八佾第三．八〉裡，所記為：子夏問曰：「巧笑倩兮，美目盼兮，素以為絢兮。」何謂也？」子曰：「繪事後素。」曰：「禮後乎？」子曰：「起予者商也！始可與言詩已矣。」其白話釋文為：子夏問道：「古詩上說：『美妙的笑容多好看呀，美麗的眼神盼顧得多嫵媚呀，在粉白的底子上畫上五彩的顏色呀。』這三句話是指什麼？」孔子說：「這是指畫畫應先將白底抹好，然後再加上五彩的顏色。」子夏說：「那不就是說人先要有仁德，然後再用禮來文飾嗎？」孔子說：「好極了，卜商，你這話倒啟發了我，讓我了解到你的程度已可以更進一步來研究詩了。」這第二個例子，應是孔子隨時留意每一位學生的學習進度，而且隨時加以誇獎，並依此以為調節課程進度的根據。

學生在課業上有了好的表現，當然應該加以讚美，而且要更加強及加深他的功課，使之更能成材。但如果學生遭遇到課業上的重大困難時怎麼辦？孔子卻也同樣有他完整的配套處理辦法。這就記在〈述而第七．八〉裡，所記為：子曰：「不憤不啟，不悱不發。舉一隅不以三隅反，則不復也。」其白話文釋文應為：孔子說：「教育是內化，而非外鑠的。所以教學生一門功課，首在了解學生是否已有學習這門功課的興趣；如果興趣不足，那就是學習的時機尚未成熟；其次則在了解學生是否已有學習這門功課的基本能力，如果研讀的能力不足，那也不宜草率就要他去學習。然後在教學過程中，還要隨時留意觀察學生是否真正可以融會貫通所學知識，如果學生不能將所學知識應用在一般實踐道理上，那麼教師和學生就必須暫時停下來，共同修正有關的教材和教法，而不可以一味機械式地強教下去。」在「有教無類」的大前提上，孔子肯定每個人都有受教育的權利，同時他也明白人卻有學習能力及興趣等差異。所以在不論其身分條件而都給予教育機會的原則下，所收進來的學生卻不能不顧其聰明才智及個性取向等，只一股腦將他們放進同一個模式裡受教了事。所以孔子在這一點上就十分留意每個學生的個別差異，而為之安排不同的學習課程方式，如上述〈八佾第三．八〉一例，孔子對學生有了好的表現，就不吝加以稱讚，認為那是學生優良的表現，並為調整更進階的課程。但在〈述而第七．八〉一例裡，孔子第一就提出，要為學生規畫課程，首先要先看學生本身的興趣及能力，例如學生比較喜歡文科或理科之類以及學習大代數必先有已學小代數基礎之類。然後在確定學生的興趣與能力之後，就可以編班上課。而且在編班上課之後，做老師的還須隨時留意學生的學習反應，如遇有學生似有不太能進入狀況的現象發生，學生似未能有效吸收課程所教內容時，那麼老師就應該暫停下來，與學生共同檢討一下有關的教材教法是否有不妥之處，待斟酌修正之後，再重新開始，以期收到更良好的效果。教育這回事，教師施教的責任，通常應不低於學生受教的責任。孔子在學生受教的責任上，曾在〈為政第二・十五〉上提出「學而不思則罔，思而不學則殆。」說明「只知讀書，而不去思索，是空洞的；只知思索，而不去讀書，是盲目的。」以作為學生求學必須留意學思結合的要求。而在教師教學方面，孔子在〈述而第七・八〉裡，則顯然表示其十分重視要教師必須留意每一學生的個別差異，以真正落實因材施教的內涵意義。

教育就是教和學這兩回事。孔子在《論語》裡說過：「溫故而知新，可以為師矣。」（〈為政第二・十一〉），認為：「隨時溫習所學的知識，而能體會出新的道理來，就可以把這知識教給別人了。」及「學而不厭，誨人不倦，何有於我哉？」（〈述而第七・二〉），自評：「學與教這兩件事，都是我的興趣所在；但要達到不厭不倦的地步，我到底做了多少呢？」這都是他把教與學看得一樣重要，而且把兩者並列為自己的終身職志。孔子的一生之中，雖然也有過短暫出仕的經歷，但他整個生活從頭到尾貫徹的重心，卻無疑仍在於他的教育工作上。這在《論語》〈述而第七・十八〉就有這麼一段記載：葉公問孔子於子路，子路不對。子曰：「女奚不曰：『其為人也，發憤忘食，樂以忘憂，不知老之將至云爾！』」白話釋文是：葉公問子路問孔子的為人，子路一時不知如何回答。孔子說：「你怎麼不告訴他說：『他這個人，發憤求學做事，有時會連飯都忘了吃。在求學和做事上有了些進步，就快樂得忘了一切眼前的煩惱。從頭到現在，自己已稍有年歲了，還是保持這種不變的心態呢。』」這一段對話，就不但更明白地彰顯了孔子自認其一生最主要的成就即是從事了教育的工作（包括教與學），而且還永遠追求一種「終身教育」的理想境地。所謂終身教育，其涵義是指人生的任何階段，應該都有學習的需要，也有學習的能力。這個概念，到了二十世紀之後，由於個人生理壽命延長，社會知識與資訊量迅速膨脹，民主開放等因素已是普遍趨勢，才逐漸成為教育界的主流意識。西哲杜威（J. Dewey）即認為教育其實並沒有什麼固定目的，如果一定要說目的，那麼教育的永續性就是教育的最終目的所在。這種看法，就和孔子的觀念相似。

孔子的教育思想從尊重人性開始，而人性的價值應就重在本善。而在人性本善的立場之下，人乃可以追求內化式的學習成長。沒有任何人應被排除在「有教無類」的範圍之外，而教師則必須依照學生的個別差異來「因材施教」；然後最終做到教育全面走入社會，可以成為每個人在受教育之後，繼續產生終身教育的需要與興趣的依據；永續提升文化。而我們驚奇的是，不知為什麼，孔子的教育思想，竟然與我們現代很多最新的教育理論，本質上就似是同出一轍。

# 第十論
# 知命、知禮、知言的嚮往
## ——論人生的無憾

有關主要《論語》篇章

（一）子曰：「人能弘道，非道弘人。」（〈衛靈公第十五・二十八〉）

釋文　孔子說：「真理重在實踐，人可以經過追尋、探討、力行等途徑而使真理更得清楚；卻不可能單憑個人的空想，就立即達到了真理，充實了自己人生的意義。」

（二）子曰：「不知命，無以為君子也；不知禮，無以立也；不知言，無以知人也。」（〈堯曰第二十・三〉）

釋文　孔子說：「一個人不能夠明白天命於人對這個世界的責任，就很難成為一位君子人；不能夠明白什麼該做與不該做，就很難算是有獨立的人格；不能夠明白社會溝通的原則，就很難做好與人相處。」

我們現在要試為孔子的思想做個結論了。我們或就以《論語》裡〈衛靈公第十五．二十八〉和〈堯曰第二十．三〉兩段文字作為總結。

我們先看〈衛靈公第十五．二十八〉的內容。

人生的真理可能因缺乏一致的標準而難解。就好比我們已提過的人性本善或本惡就不是一個誰說了算的問題。更進者，連一件事物怎麼稱做善，怎麼稱做惡，有時都可能難說得明白。西方希臘哲學家蘇格拉底有一次和一位青年學生尤提德模斯（Euthydemus）就曾以「正義」這個概念為例，討論過這件事。蘇格拉底先與尤提德模斯列出計有虛偽、欺騙、偷竊、奴役四種不可能被認為合乎正義的行為。再經檢討卻又發現如果一位將領在戰爭時聲東擊西，虛佈疑陣擊敗來犯的敵人，就不能視之為非正義；而他如果使用俘虜來完成某項工程也不能說不對；又父母說好聽的話來哄小孩吃治病的藥，反是一種愛心的表現；一個人為了保護情緒不穩的朋友，就把他的刀劍偷藏起來亦不應屬是一種不正當的行為。於是蘇格拉底和尤提德模斯最後得到的共同結論就是要明確地表達什麼叫做「正義」這個看似簡單的概念，到頭來竟不是那麼輕易的事。這個問題，中世紀哲學家聖奧古斯丁（St. Augustine）也有過同樣的感嘆，他對「時間」這一我們每個人都永遠脫離不了的概念，就曾說過：「關於時間，你不問我，我本來清楚知道它是什麼；現在你問我，我倒覺得茫然了。」

孔子在追求真理上，顯然也遭遇到同樣的困難，譬如他在回答弟子顏淵、仲弓、樊遲、子貢、子張、司馬牛等，有關一個「仁」字的基本概念上就有很多不同的說法。最後大家比較能共同接受的還勉強只算是回答樊遲的「愛人」這個定義（〈顏淵第十二・二十二〉）。而事情還不特於此，有時甚至連什麼行為合乎仁，什麼行為不合乎仁，老師與學生之間也常有不很一致的看法出現。例如在〈憲問第十四．十七〉裡所記：「子路曰：『桓公殺公子糾，召忽死之，管仲不死。曰未仁乎？』子曰：『桓公九合諸侯，不以兵車，管仲之力也。如其仁！如其仁！』」白話大意應是：「子路問道：『齊桓公殺了他的兄弟公子糾，公子糾的老師召忽也就跟著自殺，他的另一個老師管仲卻沒有跟著死，後來還當了齊桓公的宰相，那這個人應不算是合乎有仁德的標準吧？』孔子說：『齊桓公多次召集諸侯會商盟誓，不以戰爭而以外交的方式來解決各國間的爭執問題，使老百姓得以安居樂業，這都是因為管仲輔佐的功勞啊，所以我們不能說管仲沒有仁德，而應該說他是有仁德的一個人才對。』」這樣就不但一個仁字可以具有多種不同的意義內涵，而甚至同一個人的行為，也或因不同的觀點而形成可能相反的解釋。

對於這些矛盾，古往今來的重要哲學家都曾做過不少的思考討論。大多數都傾向於真理不可知，其最主要的原因是他們都意識到我們人之所以為人，雖然是理性與感情的動物，基本上我們的理性與感情卻都是有限而不完美的；所以我們對外在事物的判斷就沒有完全一致的可能，有時甚至於南轅北轍。除了我們剛提過蘇格拉底和聖奧古斯丁的看法之外，另德國的康德也同樣認為在純粹理性上真理無法達到；但在實踐理性上，則另提出人應該仍以追求真理為目標。法國的笛卡兒亦認為人不易確定世間純粹的真理，卻仍應努力去找最接近的真理。又到了近代德國的胡塞爾（Edmund Husserl）則再進一步提出一個具體處理方法，即我們似可使用不偏不倚地體會及描述一般事物給我們的各種現象來儘量掌握事物真相而已。

現在我們就要說孔子在〈衛靈公第十五・二十八〉裡所表達的意義就和這些西方哲學家對真理的看法相當類似。其實我們在前論還曾提過孔子說的「朝聞道，夕死可也。」（〈里仁第四・八〉），和曾子說的「士不可以不弘毅，任重而道遠。仁以為己任，不亦重乎！死而後已，不亦遠乎！」（〈泰伯第八・七〉）兩章文字，也都先說明了儒家明知真理可能永遠無解，卻立志追求，至死方休的精神。而這在〈衛靈公第十五・二十八〉裡，孔子更明白地說出了「人能弘道，非道弘人。」其和前述幾位西方哲學家一樣的共同特色應就是提出了如要求能更接近真理的最好方法，就莫過於「實踐」了。這段話的白話釋文即為：「真理重在實踐，人可以經過追尋、探討、力行等途徑而使真理更得清楚；卻不可能單憑個人的空想，就立即達到真理，充實了自己人生的意義。」這段文字所要表達的要點或有二：其一是更說明道（真理）之為物，就是一個無限值，可能永遠無法達到圓滿，只能不斷地使它成長、充實。其二是說明人是有個人動機、及個人作為的，可以去探求、推動自己擇定的道，以使之更為清楚、明白，而成為更多人嚮往的目標、途徑。道本身卻是無私無為的；這也就是說，人可以立志以求道，道卻不會自動找人來施以教化的意思。道於任何人都沒有針對性，不會因任何人的任何背景而特別為他做些什麼或不做什麼；尤其是如果一個人只是空言道理，而不去實踐的話，那就更沒有可以真正接近這個「道」的機會了。此外在《中庸》〈第二十章〉裡還有孔子另加的一段話說：「誠者，天之道也；誠之者，人之道也。……誠之者，擇善而固執之者也。」白話釋文是：「至公至正的誠實狀態，是真理的當然；努力做到誠實，是人理的應然。……而我們人所能做的，就是只能憑自己的良心和誠意，努力體會和選擇自認為最適當的方法，來儘可能把握住真理的內涵就是了。」在擇善固執的實踐上，我們或亦可以《左傳》〈魯哀公十五年〉及《禮記》〈檀弓上〉所記子路殉難的一段故事來做說明。大意為當時衛國因政爭發生內亂，子路正擔任衛國大夫孔悝的家臣，某次與敵對者戰鬥，子路寡不敵眾，受傷連帽帶都斷了。子路發現帽子掉落地，他居然顧不得敵人，大吼一聲說：「君子死，冠不免」，就彎身去先把帽子拾起，把帽帶重新繫好。敵人卻趁機上前把他砍死。子路死訊不久傳至孔子那裏，聽到子路死時竟被砍成一堆肉醬，孔子悲痛不已，從此就不再吃任何近似肉醬類的食物。這段故事，或亦就可為儒家在弘道的精神上，可以擇善固執到置生死於度外的一個令人既感傷又讚嘆的說明。

儒家認為道的內涵重在實踐。我們討論過〈衛靈公第十五・二十八〉之後，現在我們接著再來看《論語》全書的最後一章，亦即是〈堯曰第二十・三章〉。這一章裡記的是：「子曰：『不知命，無以為君子也；不知禮，無以立也；不知言，無以知人也。』」其白話釋文應為：「孔子說：『一個人不能夠知道天命於人對這個世界的責任，就很難成為一位君子人；不能夠知道什麼該做與不該做，就很難算是有獨立的人格；不能夠知道基本社會溝通的原則，就很難與他人相處。』」這一段話，似亦可為《論語》全書的總結，而我們也就擬以此為儒家的思想做一個以實踐人生意義為主的最終討論。

儒家是一種實踐重於理論的思想，而在人生哲學的領域裡，所謂實踐，最重要的內容就是要探討「人」在這個世界上生活的意義，例如現代相當風行的存在主義思想就直接稱之為「存在」的意義。而在人生的意義上，總歸納起來，人之為人，存在於這個世界上一輩子所要了解及做好的，應就不外乎是（一）人與自己，（二）人與他人，以及（三）人與其他一切萬物三種關係；這三種關係就正與我們現在所要討論的〈堯曰第二十・三〉裡所指出的人要知命、知禮、知言的內容一致。知禮應就是要了解及做好人與自己的關係，知言應就是要了解及做好人與他人的關係，知命應就是要了解及做好人與其他一切萬物的關係。我們或就可大致比照這個模式來進一步具體解讀《論語》這最後一章裡，所包含對我們人生一種最終的意義。

我們先看人要了解及做好與自己的關係。孔子說：「不知禮，無以立也。」禮，就是一種人要知道自己什麼事該做與不該做的原則。所謂人要知道及做好與自己的關係，或是要知道什麼事該做與不該做的原則，其實就是一種叫做「自我反省」的意識概念，然後從而建立自己適合成為一個人的獨立人格。我們在前論中曾提過人在於這個世界上與其他的動物有所不同，是因為人有理性和感情，這些理性與感情的本質雖然並非完美，卻就給了人可以自由思考的能力，這種自由思考的能力讓人可以對自己做出人所獨有的自我反省行為（其他動物沒有自我反省行為，譬如一隻狗或貓不會檢討自己是好狗或壞貓之類）。自我反省對一個人的影響至為重大；其一代表在人的意義上，人可以了解自己是怎麼樣的人，其二又代表了人可以希望在合理的範圍內自己可以成為怎麼樣的人，形成了一個人較為穩定的人格傾向系統；這就是知道及做好與自己的關係了。而這些關係以儒家的話來解釋，就是所謂立志，是人生有了基本立場的意思。人首先由認識自己並非完美，但又具有選擇自己前途的自由意志說起。既然人自知是非完美的全知全能，所以在自由意志之下，要做任何一件自己行為的決定，就都有做對或做錯的可能。有自由的選擇，就有責任的後果，因此不可不慎；故雖知到最後或仍難達到確實無誤，但減少錯失卻是應努力為之的。我們在前論中已提過孔子在知其不可能完美的困境之下，仍然希望以最和諧的方式來解決這個問題，這種最和諧的方式，孔子認為就莫過於一個「仁」字。因為這個「仁」的觀念，第一在人的自由意志之下，是一個很容易決定的行為；第二在人的感情因素之下，已完整包含了愛的觀念在內；第三在人的理性因素之下，人更可以中庸的態度來適當調節仁愛，使不會因不足或過量而造成錯誤的結果。孔子重視「仁」，並認為「仁」的理念就是自己不想別人怎樣待你，你就不要那樣待人；或是想別人怎樣待你，你就要怎樣待人。這個最普遍的規矩，形諸於外就是所謂「禮」了。在實踐的意義上，一個人的是否能守禮，或就是檢驗那個人是否存有基本仁心，以及其人格是否發展成熟的形式標準了。所以孔子在《論語》〈顏淵第十二・一〉裡，提出「克己復禮為仁」，認為克制自己的欲望，使自己的行為都合乎禮的要求，就是實行仁道。以及在〈雍也第六・二十五〉裡，說了「君子博學於文，約之以禮，亦可以弗畔矣夫」，認為一個君子人廣泛研習有關典籍學說，再用禮節來約束自己的行為，就可以知道什麼事該做或不該做。這些話語，應和他所謂的「不知禮，無以立也」的意思是完全一致的。

知道人與自己的關係後，我們再來看人與他人的關係。孔子說：「不知言，無以知人也。」這句話的意思應是指人要在社會上能與他人和諧相處，那彼此多溝通的工作就必不可少。在前一段討論人與自己的關係裡，我們說到孔子了解一個人可以藉理性與感情的自由意志來選定自己認為最適當的「處世行為」。而人的處世行為，其實最主要的內容應就是「社會行為」；而所謂的社會行為，乃即指的是人與人之間的互動關係行為。追根究柢而言，一個人的生存本必由於有他人（父母）先生存而來，而且其繼續生存亦必由其他的人共同生存方有長久的可能。所以人的存在意義除了第一先要知道自己存在的問題之外，其次重要的就是要了解自己與其他人共同存在的問題，然後設法使人我的相互作用更得和諧，進而可以促進整個世界的向上發展。在這種理想立場之下，孔子除了提出一個「仁」字的基本理念之外，另就提出了一個「恕」字作為實踐準則，認為大家如都能做到己所不欲，勿施於人的行為，每個人如都能愛護他人，就像愛護自己一樣，那麼天下的人就都不會去做些危害他人的事了。本來這種將心比心的恕道精神，在原則上也確是簡明有效的從自己出發，然後做到人與人間都能以仁愛相待的最好方法。如人飢則覓食，自己既不想受飢餓之苦，那麼也應該努力使他人不受飢餓之苦就是了。這在基本推己及人的意涵上應是不錯，在實際人與人的狀況上似又不是那麼簡單，因為人的飢則覓食在幼時固然大同小異，到長大後卻就會有各種飲食習慣不同。有人喜歡吃飯，有人喜歡吃麵；有人無肉不飽，有人不沾葷腥；於是我們如果送了很多牛肉給吃素的人，那就反而造成尷尬了。孔子於此也說過「性相近，習相遠」（《論語》〈陽貨第十七・二〉）一句話，可見他也知道人固然有其先天基本相近之處，可以就此將心比心，以自己之所需，推及他人之所需。但人亦有其後天因環境而造成的甚多相異之處，卻應是我們在忖度己所不欲，勿施於人時，還要進一步思考、裁量；然後再對人表達自己願意以仁愛之心相待的真情實意，而在施者及受者多考慮對方立場的原則之下，使都能得到更和諧的利益才好。在先天人的共同性，我們大約均可以推己及人之心而獲致，後天人的個別差異，卻或就要靠人與人間的進一步積極溝通才能知曉了。而溝通的主要方式應就在語言。人的語言功能非但使人自己知道除了「我」之外，世間尚有其他與我同族類的「他人」存在這回事；而且還是人我之間互相表達感覺、情緒、思想、意志、行為等的首要利器。例如人若已先有「己所不欲，勿施於人」的基本心態，然後再加上自己從學習、觀察，以及其他經驗所得，在實際處理某事時先多與他人做交換意見的溝通對話，那麼任何本來就是一種善意的行為，結果卻收到失誤後果的可能性就會因之而減少。我們在這裡且舉出兩個因為積極的溝通而得以及時改正錯誤處理善意的例子來做補充說明。第一個例子記在《呂氏春秋》〈任數〉上，內容大意為：「孔子周遊列國時，有一次受困於陳國和蔡國之間，好幾天都沒有米煮飯吃，大家都很困憊。某日顏回到附近民家要到一些米，正在煮飯將熟時，孔子從廚房窗前走過，看見顏回把飯鍋打開就先抓了一口飯吃。孔子當時不好就責備顏回。稍後等到飯煮好，顏回盛了飯送到孔子面前，孔子先不吃，卻開口向顏回說：『剛剛我在睡夢中夢見了我父親，現在正好有新鮮潔淨的飯，我想先用來祭拜他一下才好。』顏回連忙搖手說：『老師，這飯不適合用來祭祀啊。剛剛燒飯的時候，我打開鍋蓋看飯熟了沒有，卻有煤灰因此飛進飯鍋，我就趕快抓了一口被煤灰弄髒的飯吃了，所以這飯已不是完全潔淨的了。』孔子一聽，恍然大悟，不由嘆了口氣說：『哎呀，我差點錯怪顏回了。』」第二個例子則記在《孔子家語》〈致思〉裡，內容大意為：「魯國因國勢衰弱，有不少人被抓去賣到鄰國當奴隸。魯國當局甚為不忍，就頒布命令說，如果有人能從鄰國把魯國奴隸贖回來，那麼就依數量給予獎金。不久子貢就贖了一批奴隸回來交給政府，而且還辭謝不領獎金。孔子聽到這件事，就評論說：『端木賜這個表達仁愛之心的行為於個人來說是對的，於社會風氣的影響卻不太對啊；因為他的行為有引起他人比照辦理的意義。魯國本來就富人少窮人多，他這種贖回奴隸不受獎金的做法，別人卻是很難做到的；如此結果，就恐怕導致魯國人不太願意這樣平白去做贖回奴隸的事了。』」這兩個例子，應都是說明了一個人的行為，除了動機純正之外，如再加上更深入的與人誠懇溝通，就可以減少對人的誤解，甚至造成對社會負面影響的可能。於此，我們還可以再看《尚書》〈皋陶謨〉上的一段話：「知人則哲，能官人；安民則惠，黎民懷之。」說的應是：「能夠以明智深入的方式來多了解他人的長處，那麼任用公務員就不易犯錯；然後因此而使百姓真正受到仁政的好處，安居樂業，那大家就自然心向著他了。」這裡所說的，亦就是人（尤其是領導者）要做好安定社會的工作，就首先要從知人開始，而要知人，就莫過要做好更深入溝通了解他人的道理了。

說完人與己、人與他人的關係，我們最後要說的就是人與其他一切萬物的關係。孔子說：「不知命，無以為君子也。」這句話應是指人如不能夠明白自己對這個世界的責任，就很難成為一位君子人。所謂「命」，我們在前論中曾經提及，應就是一種天賦的使命，是一種「天命」的意思，亦即是這個天底下、世界上一切萬事萬物最終的道理所在。在這個世界上，除了人自己的存在以及其他人的存在之外，其他含有存在意義的，應就是其他萬事萬物的存在了。而這個存在，基本上還有兩層不同的境界分別，一是自然界除人以外其他實質萬物的存在，另一則是超越自然的，非物質的神性存在。這兩種存在，都是我們人必須要了解並做好彼此之間的關係的。我們就先說實質性自然界萬物的存在。原來任何一個人存在這世界上，本就除了不能脫離他人而獨自生存之外，另也不可能脫離其他的生物及無生物而可以活下去。人的食衣住行的供應都必須取之於自然界便是不爭的事實。我們前論中亦曾討論過孔子在人與自然界萬物共存的觀念上就是要勉力做好惜物與愛物的基本要求，人在不得已的需要情況下從自然界取用物資，卻絕對要考慮到適度合理而為，並且要尊重其他有關生物使之亦有適當的永續生存環境。在這個原則之下，孔子甚至在《禮記》〈祭義〉裡很語重心長地說過：「斷一樹，殺一獸，不以其時，非孝也。」一段話，意思即是強調「就算是用於侍奉父母，如隨意浪費物力，也是不對的。」這都是可以說明孔子對尊重自然界萬物存在態度的嚴肅與堅定。隨著到了最後，我們就要討論人與天命中超自然的神性關係了。我們以前亦曾提過孔子對神性天命的看法，現在我們在這裡再予歸納一下，其重點或有三。以有關《論語》內容而言，其一是孔子相信在這個世界上，冥冥中，自有一個至高無上的主宰意志存在，否則這個宇宙大自然不可能自行運行得如此完美。所以孔子在〈陽貨第十七‧十九〉裡說：「天何言哉？四時行焉，百物生焉，天何言哉？」就指出天雖然自己沒說，但以天時、萬物如此運作生息有序的現象看來，其背後應有一個樞紐性的動因力量存在是無疑的。其二是人與天的關係密切，人本由天而來，最後亦將回歸於天人合一。尤其人又具有天的全知全能神性的部分靈善本性，具有自由意志；而這個自由意志亦來源自天，雖然有缺陷，卻仍具有呼應天意的責任，以減少自己行為失誤的機會。所以孔子在〈憲問第十四．三十七〉裡說：「不怨天，不尤人，下學而上達，知我者，其天乎！」就指出自己不抱怨天，不抱怨人；只要上天能明白自己確是把學到的道理，已切實地比照天的意志來奉行，至於效果如何，也由天來做最後決定了。其三是孔子畢生揣摩這個天的意志，大抵認為天的最大特色應就是和諧。和諧代表了彼此親切、樸實而又優美、自在的一種包容，而孔子在人的模仿天意行諸於世間上，就把這種行為叫做我們前文所說的「仁」。這個「和諧」或「仁」，是上天既定的意志，也是我們人的自由意志選擇要成為一位君子所應追求的目標，但又是人所不易企及的目標，於此孔子就又在〈泰伯第八．十九〉裡說：「大哉堯之為君也，巍巍乎，唯天為大，唯堯則之。」就認為這種崇高偉大的和諧仁道觀念，自古恐怕或只有堯帝曾經接近做到而已。以天的標準來論事，天人合一固是理想，然要真正達成，恐怕又不是一件容易的事。

說到這裡，也許我們就可以做個總結了。任何理想確都是不易圓滿實現，從另一角度來看，我們卻又要說，世間事有其公平的地方，就是凡走過的就必然留下痕跡。孔子一生栖栖皇皇，周遊列國，想推動他的世界大同的理念而不得售，於是晚年改變將心力放置在教育與典籍思想的整理修訂上。在這兩方面，孔子所獲致的具體成果應為：其一是使儒家學說除了《論語》外，另以《詩》、《書》、《禮》、《樂》、《易》、《春秋》等重要經典依據而得成型；其二是追隨他學習受業弟子三千，而特別優秀者有七十二人，都成了我們中華主流文化價值，從他開始，而終至發揚光大的重要推手。於此我們最後應如何來描述孔子或許仍以司馬遷在《史記》〈孔子世家贊〉裡所說的話最為適宜：「太史公曰：《詩》有之：『高山仰止，景行行止。』雖不能至，然心嚮往之。余讀孔氏書，想見其為人。適魯，觀仲尼廟堂車服禮器，諸生以時習禮其家，余低迴留之不能去云。天下君王至於賢人眾矣，當時則榮，沒則已焉。孔子布衣，傳十餘世，學者宗之。自天子王侯，中國言『六藝』者折中於夫子，可謂至聖矣！」白話釋文是：「太史公說：古詩上有話：『像高山一樣可以令人仰望，像寬廣的大路一樣可以令人循著前進。』我雖然不能真正體會到那種境界，但心裡是很嚮往的。我讀孔子的書，仍多少可以想像他的為人。我曾到過魯國舊地，參觀了仲尼的廟堂，以及他的車輛、服飾及禮器等遺物。許多求學的學生，都還按時到孔子的舊家來演習禮儀。我不由也徘徊留戀，不捨離去。自古以來，天下的君主以及賢人夠多了，他們多數只能在當時享受一些榮耀，身後就什麼都沒有了。孔子只是一個普通平民，他的道統家族在他之後到目前傳了十幾世，讀書人都尊崇他。而且從天子王侯以下，到全國凡是研究六經道藝的人，都以他的思想作為準則，孔子真可以說是至聖了。」孔子一生都在做著知自己、知他人、知天命的工作，雖是明白能獲致絕對成功的機會不大，然而他這種知其不可而為之的思想道範卻因之永留人間，成了我們中華文化的思想主流。宋代朱熹在其《朱子語類》一書中亦因此記下了「天不生仲尼，萬古如長夜」的一句話。孔子生前對其崇高而純樸理想的不能實現，或具所謂有志未伸的抑鬱之處，但身後弟子都感懷他的教誨之恩，從各國來到他的墓園周圍結廬守喪三年，期滿大家痛哭訣別，留下子貢又還獨再守墓三年，然後受到後人愈來愈廣泛的尊崇。如果孔子地下有知，對於他的一貫之道迄今薪傳不已的景象，一個人盡到了自己「弘道」的責任若此，他應起碼亦可以認為是一種「無憾」的交待了。

國家圖書館出版品預行編目(CIP)資料

論語十論 / 張凱元作. -- 初版. --
臺北市 : 萬卷樓, 2013.01
面； 公分
ISBN 978-957-739-784-3(平裝)
1.論語 2.研究考訂

121.227 101027522

論語十論

2013 年 1 月 初版 平裝

ISBN 978-957-739-784-3

定價：新台幣 280 元

| | | | |
|---|---|---|---|
| 作者 | 張凱元 | 出版者 | 萬卷樓圖書股份有限公司 |
| 發行人 | 陳滿銘 | 編輯部 | 臺北市羅斯福路二段 41 號 9 樓之 4 |
| 總編輯 | 陳滿銘 | 電話 | 02-23216565 |
| 副總編輯 | 張晏瑞 | 傳真 | 02-23218698 |
| 編輯 | 游依玲 | 電郵 | editor@wanjuan.com.tw |
| 編輯 | 吳家嘉 | 發行所 | 臺北市羅斯福路二段 41 號 6 樓之 3 |
| 封面設計 | 吳雅儒 | 電話 | 02-23216565 |
| | | 傳真 | 02-23944113 |
| | | 印刷者 | 百通科技股份有限公司 |


 新聞局出版事業登記證局版臺業字第 5655 號

如有缺頁、破損、倒裝 網路書店 www.wanjuan.com.tw
請寄回更換 劃撥帳號 15624015